寫給所有飽受不安所苦、尋求憂慮本質與人生意義的人

焦慮的意義

Samir Chopra
薩米爾・喬普拉 —— 著

張馨方 —— 譯

呂健吉 —— 專業審訂

ANXIETY
A Philosophical Guide

推薦序

變化的世代，不變的焦慮：來自哲學諮商的療癒

古秀鈴（中國文化大學哲學系副教授）

當我們遇到情緒困擾時，常會尋求心理諮商的協助，期待透過專業心理學理論、溫暖的關懷、細膩的自我解析，來調適情緒。但其實，還有一種鮮為人知的選擇——**哲學諮商**。本書作者薩米爾·喬普拉教授是一位哲學家與哲學諮商師，雖然書中未明確提及哲學諮商，但他透過自身經歷的分享，邀請讀者進行深層的思考，這種溫暖而具啟發性的對話，正是哲學諮商的體現。在進入此書前，容我先簡要介紹什麼是哲學諮商，讓讀者更容易理解這場思辨旅程的核心價值。

什麼是「哲學諮商」？

哲學諮商引導來訪者進行哲學式的自我檢視，協助他們覺察並反思根深柢固的信念、生活習慣、世界觀與價值觀。透過深入而充滿啟發性的對話，來訪者不僅能更清晰地認識自我與面對的困境，更能領會生命的意義、幸福和人生目的，從中構築出一套融貫且有力的個人哲學，找到適合自己的解決之道。在這過程中，哲學諮商既具備**教育性**的（educative）指導——使人掌握哲學概念與理論，從全新角度看待問題；又蘊含**賦能**的（empower）力量——透過反思，逐步鋪陳出個人的理解，並找到屬於自己的方向；同時，也帶來**療癒**的（therapeutic）體驗——當問題的本質得以揭示，心靈便隨之豁然開朗。

必須強調的是，哲學諮商並非灌輸教條或僅僅引用名言錦句作為答案，而是一個提供思考工具、激發自我探索的過程。絢麗的文字、權威式的警語或許能暫緩情緒，帶來片刻的寬慰，但問題的根結並未解開；儘管哲學思考可能讓人感到「燒腦」甚至疲憊，它卻能幫助我們找到專屬於自己的存在之道。哲學諮商師正是以其專業嚴謹的哲學訓練，設計符合來訪者獨特理解模式的對話，成為他們在探索道路

焦慮的意義 4

上的引路人。

聽起來很理性！但是理性能給予實際的安慰嗎？真的能幫助我們處理情緒，帶來療癒嗎？

當然能！

如果療癒僅意味著像止痛藥般暫時阻斷痛覺，或麻醉藥般使功能停滯，甚至如類似百憂解的藥物提升神經傳導，這顯然不是哲學諮商所追求的，正如本書作者所言，生理上的痛苦消解與精神上的釋然難以等同，因為問題的根源不在於生理化學的變化。更進一步思考，這樣的「療癒」是否意味著我們只是受生理機制操控的存在，而忽略了我們的自主意識？哲學諮商不以病症治療的框架來解讀問題，也不將所有困擾歸咎於生理或心理的病態，更不假定一種決定論式的因果關係。

在哲學理性的視角下，我們更關注的是解構那些讓我們感到痛苦與無力的內在信念。哲學並不否定情緒的價值，也不試圖消除情緒，而是探討其本質：情緒是純粹的認知，還是一種身體的感受？情緒是否有對錯之分？又有哪些因素能夠影響我

5　推薦序　變化的世代，不變的焦慮：來自哲學諮商的療癒

們對情緒的評價?情緒又如何影響或扭曲我們的理解?這些問題引導我們回到最初觸動情緒的根源:我們對事物的詮釋與評價是否還有調整的餘地?也許這過程會觸及底層的世界觀、價值觀,甚至讓我們發現自己在不知不覺中固化了某些有問題的信念,或發現真正渴望的其實並非原先所想。這樣的對話正是療癒的契機——當內心糾結逐漸清晰,思緒愈發澄澈,放下與改變就成為進行式。

作者在其個人網頁中指出:「哲學諮商的目標在於實現哲學永恆的承諾與責任!」那個承諾即如伊比鳩魯所言:「如果哲學不能為人類的苦難提供療癒,那麼哲學家的言辭便是空洞的。」

在這本書中,作者以「焦慮」作為切入點,帶領我們一窺哲學如何深刻剖析這種普遍存在的情緒困擾。有趣的是,他認為:

焦慮是人的本性,而身為人類,就無法避免焦慮。……了解存在的本質以及這樣的關係,是了解焦慮本質的關鍵;反之亦然,因為理解自身的焦慮有助

焦慮的意義 6

於理解自身的存在。

這看似違反我們的直覺,畢竟大多數人都想逃離焦慮,而非接受它。但他以自然不艱澀且富含隱喻美感的文字,向我們闡述佛陀、存在主義、佛洛伊德等對焦慮的剖析,幫助我們理解為何焦慮乃存在的本質。其中的核心思想是:

- 佛陀:世事無常、我執、無處安放的欲望等種種不安,導致了存在焦慮,需透過修行看穿**無常**的本質、學會**接納**,方能獲得內心的平和。

- 沙特:人擁有「**絕對的自由**」,但自由意味著必須直面塑造生命的抉擇,從而無法逃避焦慮。

- 尼采:我們的焦慮源自於選擇去追隨他人**權力意志**下的規範,成為非我們本來面目的存在,然而,重構價值觀帶來的不確定感,讓大多數人寧可順從體制,而不敢成為真正獨立的靈魂。

- 佛洛伊德：從生物、心理和文化三個層面來解釋焦慮的來源與表現，並強調了對早期創傷及**內在衝突**的理解對於解決焦慮的重要性。

在這充滿不確定性的時代，雖然焦慮無可避免，但它同時也是自我認識與成長的重要契機。這正是作者希望傳達的：以**超脫自我**的態度減輕對未來不確定性的恐懼，以創造性和社會參與來轉化焦慮，進而豐富自我認知與人生意義。

準備好踏上一場關於「焦慮」的哲學深度探險了嗎？歡迎展現你「絕對的自由」！走進作者的文字，體驗超脫、接納與放下的真諦！

焦慮的意義　8

推薦序

迎向焦慮的年代

紀金慶（臺灣師範大學助理教授）

焦慮問題的探討，在西方哲學的脈絡裡，當屬存在主義（Existentialism）所提供的思想彈藥最為豐沛，而這也是喬普拉這本《焦慮的意義》（Anxiety: A Philosophical Guide）的底氣所在。

存在主義的哲學根源可追溯至尼采（Friedrich Nietzsche, 1844-1900）與齊克果（Søren Kierkegaard, 1813-1855）的發難，而下開海德格（Martin Heidegger, 1889-1976）、沙特（Jean-Paul Sartre, 1905-1980）、卡繆（Albert Camus, 1913-1960）等一系列現代哲學家的反思。

尼采認為：焦慮來自我們試圖成為另一個人，而不是接受自己本來的樣子。因此，尼采與佛陀一樣，認為我們人生的苦難源自我受制於社會給予我們的人格幻象，我們忙碌於追逐一個又一個抓摸不定的社會形象。

由於迷失了本然的自己，因此焦慮頂替了那個中心，而形成了一種深度的錯覺。我們依循著他人的意願與期待而活卻渾然不知，況且我們也對於脫離社會期待感到莫大的恐懼，我們就是如此一步一步走進擺脫不了的關係陷阱裡。

齊克果則用另一個角度來看待焦慮，他分析焦慮之所以焦慮，在於我們有所焦慮卻不知道這份焦慮指向什麼明確對象。焦慮的本質是我們身而為人，對於不確定的明天的全身心反應，這份焦慮總是讓我們無法真正的活在當下。

動物只要適應環境，唯獨人類還有世界，我們生命的負擔也因此還多了一份指向未來想像的維度。不過，也正因為如此，人才是擁有意義維度的生靈。也因此，當我在思考我自身存在是什麼的時候，必然無法迴避某種更全面、更深澈的厚度，這就是齊克果哲學裡必然帶有宗教性的緣故。

焦慮的意義　10

我們說宗教性，而不說宗教。宗教性之所以是宗教的本質條件，一個人也許不信任何宗教，可是他對於自己人生何去從至少擁有一份或隱或顯的信念（belief）。

我們不可能對於生命完全沒有預設前提，我們總得去相信（believe）一些什麼，當我與人為友時，我多少相信彼此付出情感的真摯，當我與另一個人結成連理的時候，我多少預付某種將自己交付出去給對方的信任，當我全身心投入某個職業或學業的時候，我多少賦予這個業界所預設處理世界的合理性。即便，這一切的一切，說到底我從來無法以實證或邏輯分析的方式為它的存在方式提供完整的辯護，我只知道這一切就是我身之所繫、我之所在是我於此一生、此一世的定錨點。

所以，齊克果認為：人之所以會焦慮，是因為站在崖邊的自己是真的能自我選擇躍入深淵。因此，我們愈是對這種可能性擁有深刻自覺，自我擔負和自我完成的可能性愈大，因為我將充分意識到自己就是行動抉擇的唯一中心。

如果尼采和齊克果的焦慮哲學都讓你感覺到一種決絕的英雄氣質，那麼很奇妙

對田立克而言,人生已是戰場,每天的日常生活裡已經布滿了對於死亡與虛無的焦慮,我們只要一踩空就會被甩出日復一日的日常軌道外。

從田立克的觀點看,人之所以焦慮,是因為在我們的深層意識裡頭,其實我們一直都明白眼下理所當然的一切是如何座落在無端的虛無之中,說穿了人生的一切沒有什麼是真正的天經地義,我們所以為然的人生座標是在一切虛空中強行劃位的。因此,即使是在看似簡單平凡無奇的生活自身,其實人也已經是日復一日以自己存在的勇氣對抗死亡和虛無。

從田立克的洞見再往前挪一步,我們就來到了上個世紀鼓動一切西洋思想革命的哲學巨人海德格,是他將「向死存有」作為我們身為「在世存有」(Being-in-the-world)的基本規定性。

我們無端端地降生在一個不為我們而在的世界,人始終迴避卻無法迴避的正是

的,帶有十足生活感的存在主義竟來自一位帶有豐富神學背景的哲人田立克(Paul Tillich, 1886-1965)。

焦慮的意義　12

這個基本事實：眼前世界的毫無意義，或更準確的說，是眼前的世界本身無關乎意義或無意義，因為意義的維度獨對人存在而言，只有人需要活下去的意義。

因此，人時時刻刻在對抗虛無，在焦慮意義世界的死亡。然而，你知道「意義」在這樣的邏輯推論下，它不但從未淪亡，甚至從未存在過。

為了避免意識到意義始終的缺席，人不自覺的將「焦慮」（anxiety）轉為「害怕」（fear）。焦慮沒有對象，而害怕則指向某個我所害怕的確定對象：害怕明天的課業、害怕失去升遷的機會、害怕錯過某個愛情對象……我們用害怕讓自己有事可忙，我們通過害怕些什麼將自己牢牢盯緊眼前忙碌運轉的世界。

這是一個聽起來很聰明的解決方案，它確實成功讓我們忘了那個一開始的生命問題，但其實它的代價是讓我們為「非真屬於我」（inauthentic）的一切付出了我們的一生，我們就此墮落至「常人」的世界，一個誰來都一樣的世界。我們的行動依循著「大家」的意見而運轉的世界，大家怎麼想，我們就怎麼想；大家怎麼做，我們就怎麼做。問題是「大家」是誰？海德格說：既是「所有人」（everyone），也是

13　推薦序　迎向焦慮的年代

「查無此人」（no one）。

如此，焦慮是殺生刀同時也是活人劍，在真正的焦慮中，我們可能會重新意識到那個無始以來的終極問題，我們甚至先要經歷我所熟悉的生活軌道的崩解，我可能開始感受不到一切的意義⋯⋯然而，危機有時也是轉機，大死後生，也許我會從那虛無一片中回來，這一次我給我自己一個「真正只屬於我自己的」（authentic）活在這世上的意義。

當然，人會逃避地想，上述的種種存在焦慮都來自於哲學的盤問，那麼是不是只要「不要想太深」，這樣一來我們就可以迴避焦慮。如此一來，隨俗進入主流社會之中就能避免自我焦慮的盤問。

問題是，此時此刻的人類文化恐怕更無迴身的空間。

我們都知道現代科技日新月異，而我們此代人也充分感覺科技迭代的速度驚人，而科技的每次迭代都會翻動社會既定的結構與價值。這就使得我們現在所處的時代完全不像早期資本主義社會那樣重視規律的社會秩序，而是在晚期資本主義的

焦慮的意義　14

技術快速變遷下，我們進入了一個毫無確定感的焦慮年代。

於是乎，我們很明顯地意識到，隨著精神醫學的發達，精神病症不降反升，而且名目類別不斷地延長它的名單。精神病可說是文明病，每當文明的變化使得原先結構裡的一部分人被丟棄時，精神病就出現了。且如法國哲學家傅柯（Michel Foucault, 1926-1984）在《性史》（Histoire de la sexualité）與《生命政治的誕生》（Naissance de la biopolitique）所預言的那樣，當精神醫療知識化、產業化並與國家機器相互配套合作時，持續性的「生產」精神病的數量來維持經濟規模和公部門的檔案操控就會是一個常態。最終，精神醫療從原先的治癒，慢慢的也衍生成另一種怪異的功能：生產。

最後，也如同美國哲學家詹明信（Fredric Jameson, 1934-2024）與法國社會學家布希亞（Jean Baudrillard, 1929-2007）對於後現代社會（或稱晚期資本主義）的診斷一樣，我們的時代由於技術進步，而導致技術門檻降低，生產速度加快，因此市場經濟的重點從生產優先轉為消費側重，就像你在今天任何國家一遇到經濟景氣不佳

15　推薦序　迎向焦慮的年代

時首先政府會關注如何刺激消費那樣，在我們的時代如何刺激消費是重中之重。

一個生產過剩的年代如何刺激消費？當現有生產的商品都具有一定的使用水準之後，企業發展的重心就會從品質轉向品牌，這時候如何以價值重新包裝行銷產品、提供附加價值就是關鍵所在。

無怪乎，今天經營高價位且令人趨之若鶩的商品都是在販賣一種對於生活的想像，而不是你的生存所需。於是，人的欲望被積極地鼓動起來，試想：如果只是生存需求，那麼隨著現代科技的發展，我們很快就會達到基本水平，可是當我們被激發的是一種美好生活想望時，我們的渴望可就能延伸到無垠無涯。

新世界的集體焦慮就源於當前社會的發達狀態，我們焦慮著我們所缺乏的一切，而我們所缺乏的是什麼？每日每夜有大量的社會機制在為你建構新的想像空間，現在構成我們困擾的不再是生存焦慮，而是存在感焦慮：我焦慮著別人有沒有看見我；我焦慮著別人有沒有看見我的獨一無二；我焦慮著別人要看見我持有或擁有什麼東西、地位、名分、符號……才能讓我與眾不同的存在感得以被看見。

焦慮的意義　16

就此而言，回到日常生活不再是迴避存在焦慮的舒適圈，而更像是一個不斷製造精神焦慮的大病窟。

我們正迎向焦慮的年代，如何處理焦慮問題未來將是我們人生的一大課題。喬普拉這部《焦慮的意義》是思考這個重要課題一個很好的起點，它用心為你整理了一份思索這項人生課題的思想清單，也以自身的生命經歷為讀者娓娓道來我們面對人生焦慮時該如何重新審視自我的生命。

獻給努爾與阿雅娜,他們讓我從恐懼中解脫

所有的存在都令我緊張不安。

——齊克果

心靈啊，心靈中存在群山之景；其陷落之崖令人驚懼、全然純粹，且無可測度。

用心體會之人感受到恐懼，但勇於克服；他看見深淵，但能自信以對。他目光如鷹，能以利爪牢牢攀附於峭壁⋯這樣的人勇敢無畏。

——傑拉德・曼利・霍普金斯

心理治療的終極任務⋯⋯是幫助患者重新建構他們無法改變的經驗。

——尼采

——歐文・亞隆

目次

推薦序 變化的世代,不變的焦慮:來自哲學諮商的療癒 古秀鈴 3

推薦序 迎向焦慮的年代 紀金慶 9

銘謝 25

第一章 我們的焦慮時代
　　　　焦慮是人的本性,而身為人類,就無法避免焦慮。

找不到出路的生命 32／焦慮與哲學密不可分 37／面對焦慮的哲學思辨 40／焦慮是人類的「正常」狀態 46／從理解到接納的哲學反思 49

第二章 焦慮的生成與存有
　　　　焦慮是我存在的一部分;若要形容我這個人,就必須描述我的焦慮。

焦慮的浮現 54／「怖慄的自由」68／在存在主義哲學中獲得理解 73／哲學與生活 78

第三章 **存在的焦慮** ——我們之所以感到痛苦，是因為對自己是誰與別人是誰感到困惑。

以佛教為基礎的哲學治療 82／佛教的四聖諦 85／佛陀談無知的焦慮 91

第四章 **感到焦慮的自由** ——人類最大的「福氣」是意志與選擇的自由，而這樣的自由伴隨著一個重擔，那就是焦慮。

將焦慮視為真正活著的存在主義 108／確定性之死 118／信仰、精神救贖與《焦慮的概念》132／《存在的勇氣》151／無家可歸的焦慮情緒 164

第五章 **潛抑、衝突與難以忘懷的創傷** ——想克服焦慮，就要秉持分析精神追溯過往經歷與深究成長背景來了解自我，進而達到自我知識、自我和解與接受。

焦慮是精神分析的核心 184／佛洛伊德的三種焦慮理論 188／焦慮的內在精神衝突 201

第六章 焦慮與社會生活
這個世界上真正能夠緩解焦慮的藥方，是政治行動與行動主義，而不是孤獨的沉思與冥想。

獨一無二的時代焦慮 208／馬庫色談焦慮的社會情境 219／馬克思的異化論 225／從接受事實到採取行動 231

第七章 與焦慮共存
焦慮暗示著我們的人生充滿了勇氣，勝過史詩戰爭中的戰士。

走上與焦慮共處之途 236／擁有自己的焦慮 246／透過認識焦慮成為更好的人 255／面對未知、探索自我 258

注腳 267

參考書目 279

銘謝

如果沒有這些人的鼎力相助,我無法完成這本書:努爾・阿蘭姆(Noor Alam)、珊布爾・阿蘭姆(Sumbul Alam)、布萊德利・阿莫爾—嘎爾布(Bradley Armour-Garb)、威爾・布勞恩(Will Braun)、賈斯汀・高威特(Justin Caouette)、阿庫爾・喬普拉(Akul Chopra)、阿舒托許・錢德拉・喬普拉(Ashutosh Chandra Chopra)、阿雅娜・普拉巴・喬普拉(Ayana Prabha Chopra)、普拉巴・喬普拉(Prabha Chopra)、普拉默德・錢德拉・喬普拉(Pramod Chandra Chopra)、理圖・喬普拉(Ritu Chopra)、斯凱・克莉里(Skye Cleary)、克蘿伊・科伊(Chloe Coy)、賈菲・杜加納(Japhy Dhungana)、山姆・德雷瑟(Sam Dresser)、克里斯蒂安・福

克斯（Christian Fox）、尼克・吉布森（Nick Gibson）、肯・霍勒（Ken Haller）、馬丁・哈維（Martin Harvey）、約翰・豪克（John Hauck）、琳恩・希爾（Lynn Hill）、妙麗・賀比（Hermione Hoby）、艾瑪・休姆（Emma Hulme）、羅伯・以色列（Rob Israel）、卡提克・賈基（Kartik Jaggi）、凱瑟琳・卡傑夫（Kathleen Kageff）、瑪麗蓮・科米薩爾（Marilyn Komisar）、雷・科茲瑪（Ray Kozma）、班・昆克爾（Ben Kunkel）、羅伯特・勒克萊爾（Robert LeClair）、雅各・萊文特（Jacob Leivent）、克里斯・勒斯比（Chris Letheby）、大衛・瑪考斯基（David Makowski）、戈登・瑪利諾（Gordon Marino）、艾瑞克・馬丁（Eric Martin）、詹姆斯・馬丁（James Martin）、布萊德・默林（Brad Mering）、洛西特・帕里克（Rohit Parikh）、納許・雷德蒙（Nash Redmond）、大衛・朗德爾（David Rondel）、路易・魯伊斯（Luis Ruiz）、蘇奈納・薩巴瓦爾（Sunayna Sabharwal）、桑傑・森（Sanjay Sen）、羅伯特・史密斯（Robert Smith）、賈斯汀・史坦伯格（Justin Steinberg）、約翰・坦博尼諾（John Tambornino）、麥特・湯瑪斯（Matt

Thomas)、普里亞・圖利（Priya Tuli）、大衛・特恩布爾（David Turnbull）與比爾・萊特（Bill Wright）；以及Podcast節目《把握當下》（the Seize the Moment Podcast）、《螞蟻與蚱蜢》（the Ant and the Grasshopper Podcast）與《丹佛關鍵時刻》（the Denver Crux Podcast），還有當代心理治療學會（Institute for Contemporary Psychotherapy）。另外我的哲學諮商伙伴們、那些信任我的諮商意見、在我需要時伸出援手的人們。我要特別感謝努爾・阿蘭姆、珍妮佛・費雪（Jennifer Fisher）、艾瑞克・馬丁、大衛・朗德爾與大衛・特恩布爾，謝謝他們仔細嚴謹地閱讀本書手稿，以及劍橋大學出版社編輯羅伯・坦皮奧（Rob Tempio），他提出了這項書籍提案、在各個階段耐心指導我並陪伴我度過艱難的時刻。羅伯，謝謝你讓我在撰寫本書的過程中不會那麼焦慮。

焦慮的意義

寫給所有飽受不安所苦、尋求憂慮本質與人生意義的人

第一章 我們的焦慮時代

焦慮是人的本性,而身為人類,就無法避免焦慮。

- 找不到出路的生命
- 焦慮與哲學密不可分
- 面對焦慮的哲學思辨
- 焦慮是人類的「正常」狀態
- 從理解到接納的哲學反思

找不到出路的生命

每一本探討焦慮的書籍開章必定會舉出一系列廣泛的社會學觀察與統計數據，而每一項資料都顯示，焦慮症在當代社會是多麼普遍，以及焦慮症患者經由正式或非正式管道接受藥物治療，是多麼普遍的事實。在這樣的風氣下，我們正面臨久久不散的焦慮。這是人類的處境看似根深柢固的一面，因為根據人類文明的歷史與文化記載，每個世代都飽受極度焦慮所苦，其特殊表現形式有一個特點，那就是伴隨而來的物質文化與環境。有時，在閱讀那些關於受重大社會、文化與政治危機所引發之心理狀態的舊時敘述，並將其對比於當今世代的人們所糾結的煩惱，我們會發現，昔日的焦慮如今有一種專屬於當代的獨特表述。無論是三〇到六〇年代以至千禧世代，許多時代都自稱達到了「文化焦慮」的「巔峰」，或作為「前所未見」的焦慮時代；每個時代都以獨一無二的自憐形式想像著，其物質、社會與政治環境使人們對於存在本身蓄積已久的不安，惡化成一種徹底的惶恐。每一個人類時代似乎

焦慮的意義　32

我們都是「焦慮的時代」；每個時代都存在其獨有的「畏懼」與「憂慮」猛獸，而在牠們披上的新外衣底下，可以隱約感覺到原始的焦慮。

雖然恐懼與擔憂看似深植於特定的客體與情境，但焦慮是一個開端，一種無形的畏懼，一種「對虛無的恐懼」。我們為什麼會感受到它，而且必須受其所苦？對此，不同的時代從不同的角度闡述：有的將焦慮視為一種信仰、信念與意義的精神危機；有的將其視為一種認知行為建構，源自人類對生理與社會環境產生的制約反應；有的認為這是具有時間觀念、預料自身死期的動物才有的本能；對物質壓力或社會性潛抑作用所做的一種回應；或是神經生理缺陷的醫療病痛，是人類的生物與生理結構特有的問題。佛洛伊德（Sigmund Freud）的精神分析學以其提出的潛意識與三元心智（tripartite mind）之理論概念，藉由解決內在的心理衝突來治療焦慮；當代精神醫學與神經科學一一區別焦慮的生物機制並加以修正，哲學與沉思傳統則將重點擺在焦慮對個體所代表的意義，而非探究其機制。1 受焦慮所苦的人意識到**有限時間**的過去、現在與未來，並且懼怕**未知的痛苦或苦難**；焦慮在一定程度

33　第一章　我們的焦慮時代

上屬於生物功能的失調，儘管生物學與焦慮之間的因果關係目前仍不明朗；焦慮也有一部分起因於自然與建成環境，是先天與後天之間角力的結果；它顯示了信徒深刻的精神危機，無法面對信念與生存需求的共存；焦慮顯露一個四分五裂而無法擺脫過去的心靈；它或許是帶有壓迫性而使人疏離的文化與社會症狀；抑或是人類意識的本質。

焦慮似乎是普世共通且長年存在的人類處境，儘管實證心理學、藥理學與神經生理學的研究在充分資助下持續有突破性發展，這依然是一種深不可測的現象，難以套入科學的典範與框架中。我們不太確定該如何面對與安放焦慮；倘若假裝自己有辦法解決，便會像佛洛伊德所說的「旅人」，「在黑暗中迷了路，於是吹口哨為自己壯膽」，但依舊找不到方向。² 焦慮的變化多端，看似迥然不同的成因、形形色色的複雜因素與表現，都提醒了我們人類是複雜的生物，而不只是生物自動化機器，更不是完全取決於先天或後天、階級關聯、種族或性別認同的生物。焦慮是一記當頭棒喝，提醒我們別忘了自己是錯綜複雜的存在，不是光靠一些真知灼見就能

焦慮的意義　34

輕易分析透徹的。

現今這個時代或許特別令人焦慮，因為我們面對現代科技與物質的樂觀主義及成就，同時也頹靡地認為一切沒有太多意義。那些有權有勢的成功人士即使聲望崇高、富可敵國，依舊有可能遭遇空難。他們請得起世界名醫，壽命比一般人長，生活也比平民百姓舒適優渥，暴風雨或洪災來襲時，他們可以搭私人飛機遠走高飛，逃避氣候變遷的危害；但是，他們、以及他們摯愛的親友就跟其他人一樣，會遭遇殘酷的不幸，會受困於基因缺陷的生物隱患，也會面臨令人猝不及防的萬一；他們跟我們一樣，也會知曉與見證摯愛的痛苦與死亡。社會階層的向上流動——即所謂「社會性成功」——使某些人得以讓孩子穿著名貴的衣服、就讀常春藤名校與學習昂貴的才藝，但這無法確保他們最重視的家人免於遭遇酒駕車禍、飛機失事、兒童癌症等致命疾病、加劇的氣候變遷，或者最糟糕的是——出現神經質與社會排斥的傾向，其呈現的形式如嚴重的心理疾病、精神失調或自殺。儘管人類在科技與物質上掌握了大自然、擁有龐大的經濟實力，也實現了卓越的科學成就，仍然跟過去那

些時代一樣，無法超越生死與極限這種最根本的生存困境，對於這個事實的領悟，充分解釋了人們與日俱增的惶恐；因為我們發現，生命「找不到出路」。

現代人遭遇的困境更加棘手，因為我們一直都生活在追求進步與樂觀正面的信念之下，相信精神及物質領域的科學發展勢不可擋，也相信持續進步的科技能夠創造富足快樂的烏托邦；然而，我們依然在面臨一絲絲生存威脅時瞬間倒退並陷入深刻的焦慮：這或許是因為──正如急遽惡化的氣候變遷災害所示──我們意識到，這些關於物質進步、掌控大自然的夢想，也成了一場噩夢，使我們珍視的一切瀕臨災難，像是清澈的天空、乾淨的水源與孩子的未來等等；又或許是因為，現代人不可或缺的電子通訊工具本應增進知識的交流、政治賦權及同理心，卻反而導致政治與理智的失能，使強者一再占據主導地位。這或許是因為我們意識到，不管我們發展出多麼高超的技巧來妝點物質的外表，我們在精神層面依然像過去那樣，是一種充滿了恐懼、遲疑與焦慮的生物。

如此的無孔不入、永垂不朽與存在，透露了一些線索，而我們可以從中探索焦

焦慮的意義　36

慮的本質是什麼、焦慮對人類生活具有什麼樣的重要性,以及我們可以如何面對焦慮。

焦慮與哲學密不可分

焦慮與哲學——人類史上最悠久的一門學科——之間具有深刻的關係;人類之所以會沉思、內省、哲學思辨,是因為即使眼前沒有明顯的威脅,仍對自身遭受的痛苦與折磨感到好奇;是因為想知道為何我們在最大程度上取得了物質成功、舒適生活與知識探索,實現了所期待的一切,卻依然受焦慮與恐懼所苦。哲學是焦慮的一種對策的這個想法不足為奇,因為熱愛智慧、身為智者原型的哲學家,長久以來被視為精神與靈魂的醫生,是「諮商心理師」(psychotherapist,在詞源上正是意指治療心靈的人),一種可追溯至哲學傳統發源之初的古老比喻。[3] 如欲利用哲學方法來解救受苦的靈魂,需要從形上學與道德的角度檢視自我、發現自我與接納自

我，因為哲學的省察對象正是自我。

然而，焦慮不僅僅是可從哲學中得到解答的一種問題與獲得治癒的一種痛苦。焦慮與哲學密不可分；焦慮是使哲學萌芽與欣欣向榮的「壤土」[4]，因為焦慮的一種特殊形式就如哲學探究所表明，是人類出於本能對自身的有限、必死與知識極限的回應。探究的行為——也就是提出問題與試圖消除未知——回應了焦慮。愛探究、質疑與思索哲學的存在，以關鍵層面而言正是焦慮的存在。焦慮的生物會對自己感到不滿的事物進行哲理思辨，除了對這個世界的所知與所信之外，還渴望獲得更多的知識；他們積極探究，試圖解開疑惑。人類存在的本質是什麼？這是個什麼樣的世界？在這個世界上，善有善報嗎？幸福有機會實現嗎？眼前的世界就是一切嗎？死後的世界——也就是來生——的本質是什麼？有什麼是我們所不知道的？我們能夠確定嗎？有沒有我們永遠無從知曉的真相？倫理的探究揭示了一種強烈的**道德焦慮**：我做的是正確的嗎？怎樣對待別人才是對的？如果我的生活方式是錯的，該怎麼辦？人類的「智慧之愛」，人類的「愛智」(philo-sophia) 是偉大的，但在

背後驅使這種愛的，不只是閒來無事的好奇；我們所尋求的答案，是如何治癒一種充滿驚奇與敬畏、同時又帶著惶恐的感受。哲學中那些未解的深奧問題，那些我們認為答案至關重要的問題，都帶有對於答案可能「不正確」的深刻焦慮。即使焦慮、或者「憂慮」、「畏懼」或「悲痛」等感受直到十九世紀才有正式的名稱，我們仍能在早期的哲學著作中認識其影響：哲學家將某種痛苦——無論是精神上、道德上或知識上——稱為焦慮；其潛伏於哲學語彙中各種有關困惑、敬畏與未知之表述的字裡行間。由於哲學關注的對象是**進行哲學思辨的人**，而不只是他們提出的**學說**，意即關注探究者提出這些尖銳的知識、形上學與道德問題時心中有何**感受**，因此焦慮本身成了一種哲學問題，並在隨後被視為人類存在不可抹滅的一個特徵，作為人類意識組成的一部分。

面對焦慮的哲學思辨

本書著墨於古代與現代的佛教、存在主義與神學、精神分析理論及批判理論的哲學傳統，目的是引導各位透過**哲學思辨**來面對焦慮。正如我參考的資料來源所示，如果我們不接受傳統上——且在學術與專業上都以自我為導向——介於心理學、哲學與宗教之間的三分論，那麼關於焦慮的哲學思辨範圍就會擴大，因為許多試圖緩解焦慮的宗教或訓諭與規範，在形式與內容上都源自於哲學，而許多焦慮心理治療在其基礎與療法上也是如此。

在我們的文化中，關於**何謂焦慮**的爭論至關重要：如果將其視為一種生物與醫學現象，一種關於大腦重新形成連結與改變化學失衡的問題，神經生理學與精神病學的專業將有可能獲得知識、文化與金融資本；如果將其視為一種心理學與行為學的概念，則諮商心理師、臨床心理學家及各種諮商師與治療師將占有優勢。[5] 我寫作本書是為了指明從哲學角度去理解焦慮所得到的認識，這些認識聚焦於人類遭受

焦慮的意義　40

的焦慮之苦,並試圖探究其**意義**,而非暗示焦慮「微不足道」以逐漸**削弱它**。如果你向焦慮症患者表示,他們遭受的痛苦只是一種生理障礙,將完全無助於理解這種障礙對患者可能具有什麼樣的意義與重要性。

引導各位透過哲學的思辨來面對焦慮,意味著什麼?首先,我會介紹**關於焦慮的哲學理論**,以及(一些特定的男性)哲學家對焦慮的看法,希望能將這些看似深奧的顧慮轉譯為平易近人的語言,並說明可以如何理解焦慮在人類處境中扮演的角色,藉此與焦慮共存。佛陀(the Buddha)、尼采(Friedrich Nietzsche)、齊克果(Søren Kierkegaard)、田立克(Paul Tillich)、海德格(Martin Heidegger)及佛洛伊德等人的哲學省思指出,焦慮是人的本性,而身為人類,就無法避免焦慮。也就是說,焦慮未必是一種需要根除的病狀,而往往是自我不可避免且不可或缺的一部分;焦慮是對自身的人性與特質的確認,是對自己在世界上有何地位的理解。我們會感到焦慮,是因為我們是一種特殊的實體,與宇宙的其他部分有著極為特殊的關係。了解存在的本質及這樣的關係,是了解焦慮本質的關鍵;反之亦然,因為理解

41 第一章 我們的焦慮時代

自身的焦慮有助於理解自身的存在。

在書中，我將透過四個面向來分析。首先，我將佛教視為一種古老的哲學，在人們的自覺下被理解為一種醫學或療法，顯示人的焦慮建立在我們對自我與本性的深刻誤解之上；我們的焦慮是一種存在的痛苦，令人避之唯恐不及，而且可以、也應該被根除，儘管要達成這個理想目標，需要經歷漫長而艱辛的道路，一路上也必須忍受與對抗焦慮。第二，我會考究一些十九與二十世紀歐洲存在主義傳統的一些代表人物的著作，他們主張焦慮是自由與真實存在的標誌，是通往自我發現與知識的特權之門；我們必須設法與焦慮共存，實際上還應該甘之如飴，因為沒有焦慮的「自欺」生活並不真實，我們會虛擲人生，而不會好好珍惜。第三，我將探討佛洛伊德的精神分析理論，其同樣表明，焦慮是（文明）人類處境不可或缺且不可避免的一部分，但它在這之中的定位最貼近外在與內在的壓抑及心理衝突，同時也是這些壓抑與衝突的一個信號；壓抑與衝突必須得到承認，並融入我們的自我意識。最後，我將介紹赫伯特・馬庫色（Herbert Marcuse）與卡爾・馬克思（Karl Marx）在

焦慮的意義 42

著作中提出的「唯物主義異化」（materialist alienation）概念，他們認為焦慮是人類對社會生活中去人性化與異化的物質條件所做的回應；我們不應該接受它，而應該努力（有時可透過激進手段）改變社會、政治與文化世界，以削弱其在人類生活中創造焦慮的作用。焦慮源自於我們是誰、我們是什麼、我們如何選擇組織社會、我們如何對待他人，以及期待獲得怎樣的對待；因此，從哲學角度去理解焦慮，是一種關乎存在、政治與道德的哲學。

若將上述的四種觀點應用到焦慮上，我們便有充分理由相信，焦慮可以、也應該得到「治癒」，但只能透過一種特定的方式，同時也應該對那些引發焦慮的人為因素保持適當的評估與懷疑。死亡總有一天將來臨的事實令人感到焦慮，未來也將持續如此，但我們無需透過歇斯底里的反應或我們為自己建構的社會安排（social arrangements）來加深這種焦慮。如果能從哲學角度出發，我們便能承認焦慮是一種問題，也能找到方法去接受它與抵抗它。

引領各位認識有關焦慮的哲學理論時，我也將含蓄描述如何利用某種**哲學方法**

43　第一章　我們的焦慮時代

來解決焦慮之苦。在這些資源中，值得一提的是透過嶄新的哲學性理解去進行再概念化（reconceptualization），重新塑造焦慮的面貌：也就是重新認識我們心中那可怕又神祕的焦慮感，使它變得易於理解、並且從不同的角度去理解它，而方法是認識嶄新的哲學視野；哲學有助於重新歸類焦慮，除了將它視為一種病狀之外，也認知它是人類意識的重要組成，需要加以重新解讀並融入生活中。展開焦慮的哲學思辨時，應該對它進行思索與反思，而不僅僅是對它**做出反應**，或忍受其症狀；這麼做是為了讓我們有可能改變我們內心野獸的本性，因為我們從不同的角度去理解它的存在及對生活造成的影響。若能坦然探究自身的（各種）焦慮，便能更深刻意識到生活及其特定且特有的挑戰、祝福、心碎與未兌現的承諾，進而體悟到我們所做的一些選擇、決定與行動可能有所缺陷，以致面臨人生的難關；在這段內省過程所遭遇的痛苦，將帶給我們更深的自我理解與自我接納。

然而，哲學思辨似乎對許多人遭受的可怕焦慮與恐慌症狀不見成效；理性的論證似乎無法改變這些症狀，焦慮是自我不可或缺或在所難免的組成，這種主張也似

焦慮的意義　44

乎不適用。對那些深受不安所苦的人而言，焦慮或許不是壞事的說法聽來刺耳；的確，這裡我所宣揚的哲學思辨，適用於至少未陷入病態而干擾思考能力的心智。對於飽受如此痛苦的人們來說，焦慮就像一個局外人，必須驅逐它，他們的腦袋才有辦法處理生活中的其他急迫需求。然而，即便是「效果顯著的」抗焦慮藥物，也無法減輕根本性的**存在焦慮**（及其變體）──關於這點，後續章節將詳述。

當然，光靠哲學學說的支持性解釋，並不會讓你可以安心放下本書並說道：「我明白了，我不再感到焦慮。」；具有潛在治療作用的哲學學說必須也在情感上與理智上都說得通。若想站得住腳，你的生活方式、以及你對自身生活方式的理解與解讀，必須與你對相關哲學主張的理解形成一定程度的一致。因此，如果你仔細思考本書提出的觀點並重新審視它們（即使是在感到焦慮的當下）、「認真思索」它們，也許就能**理解**、進而從不同角度去**經驗**焦慮。如欲理解焦慮，我們必須體驗它，在試圖檢視它的同時，看看它「指明」了什麼，而不是試圖逃避它。這意味著，若將哲學比作藥物治療，我們能做的非常有限，因為無論哲學應該對焦慮產生

焦慮是人類的「正常」狀態

檢視世界上最偉大的心理治療傳統時（尤其是精神分析與存在主義心理治療），我們會發現它們奠基於對人類處境的哲學反思；這些努力伴隨著關於人類心靈及其病狀的哲學假設與公理。這些領域中，沒有一位先驅在其著作與思想中提不成熟的哲學論述（最顯著的例子無疑是佛洛伊德），他們也不認為自己在治療理論中依藉哲學基礎是一件應該要感到慚愧的事。就哲學對現代心理治療形態的重要

什麼樣的作用，都無法治癒它。但是，哲學能增進我們的**理解**，進而**取代且或許能消解問題**：表面上看似是問題的將不再是問題，因為我們在重新詮釋它的過程中已經改變了它的特性與本質。如果我們能以不同的方式來理解自身的焦慮，也許就會發現自己能與之共處；我們也許就能對自我與自我所關注的事物有那麼一點不同的理解，這是創造一個「經過審視的人生」的關鍵，一種值得活的人生。

焦慮的意義　46

性而言，「認知行為療法」是一種證明，其主張人的思考、感受與行為方式並非與生俱來，而是一個持續不斷的學習與調節過程的結果。[6]在這種對心理功能失調的理解中，持續「錯誤」的思考及信念的形成與修正模式會導致站不住腳的結論與行為模式，而這可能會使我們與愛我們的人感到不快樂、沮喪與焦慮。對此，有一種「智性德行理論」旨在幫助我們進行更有邏輯的推理，以及在「正確」的信念「有助於」我們實現「生活目標」的引領下表達「適當」的情感。認知行為療法是**哲學性方法**的一個例子，明顯受到斯多葛哲學（Stoicism）、佛教與道教等古代哲學傳統的啟發，[7]並用於治療心理障礙。其在治療焦慮與憂鬱方面頗有成效；在這些心理治療領域中，最佳的臨床實證結果往往出自認知行為療法。[8]一種「認知療法」——將信念的解讀與有害思考模式的擾亂作為關鍵的治療手段——是臨床心理學領域中一種重要且通常有效的療法，也是哲學諮商的基礎，[9]我們應該將此視為一種初步證據，即哲學與哲學反思可有效改善焦慮——正如探討焦慮的哲學著作所強烈顯示的那樣。

從哲學角度來看，焦慮是人類境況的一個**構成要素**，是人類意識對於存在不可避免會做出的反應；雖然各種焦慮的成因與觸發事件各不相同，但我們一直都有焦慮的理由。事實上，假使不是如此，我們很可能會懷疑自己「不正常」——因為焦慮是人類的「正常」狀態。**我們會一直感到焦慮，但我們不必為了焦慮這件事而感到焦慮。**這項主張可以帶給我們力量，而不是削弱我們的心智，接下來我將主要引述其他哲學家的著作來佐證這一點。焦慮就像所謂的成癮行為，本質上並不是一種病狀或疾病。如果焦慮嚴重到成了一種疾病，那是因為它干擾了我們想要過的生活；但是，即使我們擁有自己想要的生活，也會發現焦慮依然存在，而反思自身的焦慮，可以幫助我們找到繼續理想生活的線索。

跨領域的焦慮研究者經常抱怨「焦慮」這個詞彙被用於描述差異甚大的現象：感受、行為、情緒與大腦狀態本身（這位臨床心理學家不希望她所指明的精神障礙與既有的情緒互相混淆了！）[10] 惡名昭彰的《精神疾病診斷與統計手冊》（*Diagnostic and Statistical Manual of Mental Disorders*，簡稱 DSM）是執業（及可開處方的

焦慮的意義　48

從理解到接納的哲學反思

哲學思辨者經常大言不慚地將哲學作為一種治療方式，作為一種協助釐清生命

精神科醫生必備的一本書，它將許多痛苦歸類為「焦慮症」，包括「創傷後壓力症候群」、「恐慌發作」與「強迫症」等，每一種都以一些典型症狀來定義，並予以相應的藥物治療。請你在閱讀本書的同時，思考自己的焦慮是哪一種、它的表現形式是什麼，以及書中描述的哲學分析在什麼樣的情況下呼應了你的個人經歷；語言與定義的精確性既不必要、也不是我們所追求的；真正重要的是你對焦慮的感受與理解。存在主義的、精神分析或唯物主義的焦慮或許不像名為「廣泛性焦慮症」的病症，但若我們仔細思考這種疾病在個人生活中呈現的症狀與經驗，也許就能了解這種已知的障礙在某種程度上是專屬於你的「哲學焦慮」體現在你的生活與存在的方式。

第一章 我們的焦慮時代

未知輪廓與軌跡的工具。閱讀哲學家針對焦慮提出的論述，並不會使焦慮從生活中消失，但或許能夠幫助我們理解焦慮，並且往往會發現焦慮是多麼有助於我們認識自我。對焦慮的本質進行哲學反思，我們也許就能理解焦慮、以及我們與焦慮之間的密切關係，進而接納自我。我們無法停止感到焦慮，但哲學可以幫助我們不再為焦慮而焦慮。

「眼淚是理智的產物」[11]；恐懼、喜悅、遺憾及焦慮也是。但是，理智及其複雜性並不是可以脫離人類的實體，而是與特定生活密不可分。在本書中，我也將透過哲學研究與我個人對焦慮在生活中扮演的角色之哲學反思，來描述我自己與焦慮之間的關係。我將從個人的喪親之痛、心理療程及在哲學思維下獲得的寬慰，來記述自身的焦慮經歷。在這段心理治療與經由哲學角度進行自我反省的過程中，我得到最重要的發現是，我不是因為個人的失去而感到焦慮；事實是，我一直都感到焦慮，未來也將會如此。因此，我無法得到治癒，但我可以面對與接受鏡子裡的自己；我的焦慮塑造出我這個人，我無法擺脫自我，除非我不再是我自己。

焦慮的意義　50

但願我的個人經驗、以及在後續章節中自我耽溺的回憶錄，能夠幫助各位了解，一個人如何在生活中回應關於焦慮的哲學主張，以及如何將這些哲學主張融入自我概念；我的詳細生活情況與各位大不相同，但希望在同為人類的條件下，我們能找到足夠的共通性以形成彼此間的移情連結。我們在哲學學說與生活之間搭起的橋梁，取決於個人生活的詳細情況，因此你看待這些學說的方式，會取決於你所遭遇的焦慮類型及對自身生活的個人解讀。

在接下來的篇幅，我會試著指引一條道路，幫助各位更深入了解焦慮，進而更加了解自己。本書邀請各位反思、再探與重新理解焦慮。我不能保證你的焦慮一定能得到治癒，因為我無法治療你的焦慮；我只能提供其他像你我一樣的人類同胞的想法，期盼這能讓你知道自己並不孤單。我們所經歷的痛苦標誌了我們的人性，代表我們都是人類群體的一分子。

51 第一章 我們的焦慮時代

第二章 焦慮的生成與存有

焦慮是我存在的一部分；
若要形容我這個人，就必須描述我的焦慮。

- 焦慮的浮現
- 「怖慄的自由」
- 在存在主義哲學中獲得理解
- 哲學與生活

焦慮的浮現

我十二歲那年的某天早晨，父親在家中逝世。我在睡夢中被一聲呼救聲驚醒（我聽見母親絕望恐懼地大聲呼喊我的名字），急忙跑進父母的臥室，發現父親心臟病劇烈發作而不停抽搐。只見他的身體曲弓在一張老舊的彈簧床上，胸口上下起伏，他拚命想吸入空氣，嘴唇和嘴巴兩側都是唾沫。我父親過去是一位叱吒戰場的飛行員，頂著帥到不行的雷朋眼鏡與瀟灑有型的平頭，在兩次世界大戰中駕駛超音速噴射戰鬥機，憑藉高超的飛行技術閃避防空火力與空中攔截機的攻擊，如今卻在家裡的床上猝死，留下無助的妻子與兩個兒子。子彈與砲彈沒有擊中他，而是阻塞的動脈與血栓奪走了他的生命。那年他四十三歲，我十二歲。

十四年後，歷經與乳腺癌的長期抗爭，包括乳房切除術、輔助化療、侵入性的定向放射、激素治療，以及殘酷難熬的四年緩解期，我母親不敵病魔去世了，失去

了感覺與知覺，遁入浩瀚無垠的未知世界。她痛苦而麻木地過完了在世的最後那段日子；總是噁心想吐、語無倫次、神志不清又輾轉難眠，皮膚因肝臟衰竭而發黃，肺部被潛伏在體內的病變搞得衰弱無力。我們請求醫生為她注射嗎啡以減輕疼痛，但這使她罹患僵直症，脈搏慢到監測儀螢幕上幾乎看不到線條的起伏變化。她漸漸認不出我來；我也漸漸認不得她。那年她五十二歲，我二十六歲。

我清楚記得母親讓我看她體內癌細胞的那一天，那是她的死亡預兆。從電腦斷層掃描的影像看來，那是一個令人好奇而難以形容的區域，其不規則的形狀及陰影與周圍的細胞明顯不同。然而，它似乎也與周圍的環境融為一體，與支撐著我母親的生命力共存；這使我意識到，生與死是並存的。母親的癌症離我很遙遠，但最可怕的是，它不為所動、漠然以對⋯⋯它一點也不在乎我的悲痛與哀傷，不在乎我對悲劇即將到來的恐懼；它不關心我母親在精神與肉體上所承受的痛苦。它只顧著達成自身細胞與分子的目的，善盡本分地繁殖壯大，在封閉的生物同溫層裡扮演格格不入的角色。在它的世界裡，我的母親與她的孩子並未構成侵擾。我們與癌症為了生

55　第二章　焦慮的生成與存有

存、擴張與繁殖而形成的積累毫不相干。它不在乎我們，也不知道我們的存在。我多麼希望能穿透它的外膜、撼動它，或是寫一封措辭強硬的信或滔滔不絕的長文，細說它應該讓我母親繼續存活的充分理由——她吃盡了苦頭；她目睹人生伴侶突如其來地離開人世；她來不及陪伴年僅一歲的孫子長大；她的小兒子遠在異鄉，讓她獨自一人在大城市裡度過了生命中最後的六年時光。也許它會聆聽我說的話，因為我正經八百的能言善辯與顯而易見的痛苦、讓母親活下來的迫切盼望，以及有可能終生都走不出喪親之痛的惶恐而心軟；也許它會同情我們這對手足，這兩個在青春期悄悄來臨之際失去了如英雄般父親的年輕人。

但是，癌症無動於衷，因為它不能採取任何立場。它的世界對我的恐懼、盼望、渴望與愛意視若無睹。如此的漠然著實嚇人；假使宇宙充滿敵意或懷有惡意，我可以詛咒它、對抗它，制定戰略計畫；我可以獻祭安撫，滿足它對人命的欲望。

但是，這樣的努力於事無補，因為宇宙不會回應人類的祈求。我們存在於宇宙中，但天地卻懶得保障我們的安全。宇宙即使沒有惡意，也對我們的命運漠不關心，一

焦慮的意義　56

點也不在乎我們的生命與愛。它不知道、也不在意我們的存在。它就只是在創造、轉變與毀滅的無盡循環中將我們吸納又吞吐。

父母過世後，我與這個世界之間發生了一場根本的、形上學的分裂；閃電驚天動地地劈了兩次。這個世界曾允諾的重力——牽繫我兒時的焦慮想像——已然消失；現下這個世界凶險可怕，處處都是陷阱、裂縫與圈套。我曾隱約瞥見不幸的世界，其細節晦暗難辨。如今，我身處其中；這裡成了我的地盤。我曾想像，這個世界帶走了我父親，已經讓一個十二歲的孩子付出一生一次的慘痛代價。但是，十四年後，死神再度找上門。這種致命的不幸顯見上天不滿足於已經奪走的生命，這樣的貪得無厭實在不可思議；這個世界充滿了讓人難以理解的危險。那個守護兒童、神祕莫測、富有同情心且會回應祈禱的上帝，隨同我父親死去了；另一個——守護成年人、理性並確保這個世界不會虧待你的上帝，則隨著我的母親離開了。我沒有殺死上帝，但上帝無疑透過這兩起宣告公開自殺了。

我父母的去世，在一連串突如其來的事件中占據了極端，使我的生活充斥揮之

57　第二章　焦慮的生成與存有

不去的畏懼與無法治癒的焦慮。這些殘酷的教訓讓我學到，這個世界由殘忍無情的可能性所主宰；當天的破曉沒有任何警告，提醒你小心災難性的悲劇發生、致命的偶然降臨。美國小說家瓊・蒂蒂安（Joan Didion）曾寫道，災難的回憶一向都從平凡的一天開始；「我父親猝逝的那一天，我母親確診罹癌的那一天，都是從平凡的一天開始；然後變得格外特別、令人畢生難忘。我從慘痛的教訓中認識到，即使沒有災難即將來臨的跡象，我們也有理由與機會感到煩惱與焦慮；這個世界不是為我們而創造的，它的存在不是為了滿足我們的欲望。打從我將母親的骨灰浸入印度聖河流水的那一刻起，我深刻意識到自己的生活似乎出現了一個新面向；新的惶恐進入我的視野，更恐怖的可能性就在眼前。如果閃電能連擊兩次，有什麼能夠阻止它反覆劈打，找到更新的表現形式，一種獨特的惡意來侵染與腐蝕我的存在？雙親的離世打開了致命可能性的大門；我瞥見了遠方的恐怖。

我的焦慮是隱伏危機，不僅僅是單純的恐懼而已；這是一種狂熱、一種職業、一種苦痛，一種體質；一片用以觀察世界的透鏡，一種為我的經歷覆上獨特色調的

焦慮的意義 58

色彩。佛陀提醒我們留意這個世界的一個基本的形上學特徵，即我們所經歷與知曉的一切之「相互依存的生與滅」[2]——沒有任何事物獨立於其他所有因素而存在；焦慮的人生活在一個專屬於自己本身的焦慮所影響與形塑的世界，這是一個由受苦之人及其焦慮所共同建構的世界。因此，焦慮是一種視角，一種解讀的媒介，讓這些受苦的人得以與世界建立一種特殊的詮釋關係，而這個世界的文本如今以一種極為特殊的方式為這種充滿焦慮的眼光所閱讀。人、事、物是否成為我們關注的焦點，端視它們與我們的焦慮之間的相互作用：角落的那個人看起來不懷好意；這張椅子變得搖晃不穩；食物成為未來致命疾病的媒介；那個手勢似乎帶有嘲笑之意；我的家人——我的妻子、我的女兒——似乎有可能面臨曲折的命運。我生活在一個獨特的世界，一個為焦慮所籠罩與照亮的世界，而這樣的焦慮長久以來與我形影不離、幫助我解讀存在。

我在二十九歲時開始接受心理治療。[3]母親去世後的那幾年，我一直抗拒求醫，儘管一些好心的朋友聽我提到顯然久久不退的憂鬱症狀，一再建議我「去看

醫生」。然而，心理治療讓人感覺像是在逃避。我有一些男性朋友不以為然地批評心理治療所創造的「抱怨文化」，指其不斷幼稚地將成年人的病狀歸咎於他們的父母。接受治療的這個舉動顯得懦弱無能、缺乏男子氣概，是那些不夠堅強、無法克服生活逆境的人們的出路，在諮商室的沙發上盡情沉溺於自怨自艾的漩渦。我退縮不前，盼望能自行「解決問題」。但是，我沒有做出改變；我很容易變得消極與絕望；我睡得太少，酒喝得太多，菸也抽得太凶，總是因為憤怒與嫉妒而讓感情觸礁擱淺；焦慮與恐慌陰魂不散。一九九六年秋天，我的哲學博士資格考試為我創造了質疑自我價值的大量機會，於是我開始尋求專業人士的幫助。

在曼哈頓的當代心理治療研究院（Institute for Contemporary Psychotherapy），經過初步面談，我開始與自己指定的諮商師進行每週兩次的治療。當時，我也曾考慮服用抗憂鬱藥物，並諮詢精神科醫生評估。這位良醫的豪華診所位於格林威治村，他熱心地告訴我，如果我願意，他可以開處一種當時最流行的抗憂鬱藥物——百憂解（Prozac）。但是，我對其傳說中的副作用及伴隨而來的性功能障礙感到焦

焦慮的意義　60

慮不安,因此選擇拒絕藥物治療,繼續進行談話治療。在那之後接受人際關係、心理動力學與梅蘭妮‧克萊恩①式心理治療的五年裡,我意識到自己一直以來都是個焦慮的人,我的焦慮並非始於父母去世之後,以及我的焦慮使我成了其他焦慮之人(也就是其他人)的一分子。

我遇到的第一位諮商師是一位年輕女性,我說話時她面無表情地聽著;見她沉默不語,我出於焦慮便連珠炮般地說個不停,直到面談時間結束。而後我向院方要求換一位能積極與我互動的諮商師;我想確認自己並非精神不健全,想確認自己言之有物。如今回想起來,當時的我也希望有一個能安慰我的母親,而不是要求我長大與守規矩的嚴厲父親;我在尋找一位能給我安慰的擁抱、溫柔地對我說「沒事的,一切都會好起來」的諮商師。我與新的諮商師合作了兩年,直到我進入撞牆期才中斷治療,這是我在接受心理治療的期間熟悉而深刻的感受。我發現自己不斷面

---

① 梅蘭妮‧克萊恩(Melanie Klein):以兒童精神分析研究聞名,也是客體關係理論發展的重要人物。

臨無法抉擇、不願承擔責任的處境，不斷意識到自己與這個世界的不可改變之處，而無法加以重構。由於我經常宿醉或精神恍惚，因此我在治療期間時常神智不清；我的第二位諮商師做了一項最重要的干預，那就是她讓我保持足以完成博士論文的清醒狀態。我放棄了首選的藥物，因而出現更強烈的焦慮與抑鬱感受。正因如此，我在治療過程中有更多的話題可聊。

治療期間，我為自己的生活建構了一套考古學與系譜學，在那之中，我經常被人以不只一種語言形容為「娘娘腔」、「懦夫」或「娘砲」，拜我公開表達的焦慮所賜；我記得以前自己常常夜驚，大了還尿床，發狂似地害怕錯過火車或校車，害羞怕生（「社交焦慮」），怕怕學校考試（無論筆試或口試），怕狗、怕高、怕溺水、怕蟲又怕黑。如果說這是某種恐懼症，我肯定是患者；我怕溺水，怕從高處墜落，怕被蟲咬，怕遲到。我一直充滿恐懼，而這些惶恐不安與日俱增；我心中潛伏著許多恐懼症，這些深層的焦慮等著被這個世界喚醒與延續。想像最壞的情況太容易了；每條路的終點都是災難——世界就是這樣運作。我遇過各種可能性，並意識

焦慮的意義　62

到其中潛藏著恐怖的現實，而它們會突如其來地顯露，即使回到陰影中，痕跡依然存在。有時，我可怕的焦慮會以憤怒的形式顯現，我暴跳如雷，讓愛人、家人與朋友都嚇壞了；這團火紅色的濃霧很快就向黑暗之井的底端蔓延，而這是一座未解決也無從闡述的黑井。

我滔滔不絕，而諮商師靜靜地做筆記，偶爾提出一、兩句評論，或者請我詳細說明，我一次次地回到人生中那個同樣令人困惑的十字路口：無法前進、無法承諾採取行動，不論是與女友分手或是展開嚴格的自我提升計畫；顯然，我非常焦慮失去長大後的自己，以及其所承諾的舒適圈。我向諮商師提到了嫉妒與焦慮，提到了什麼自己不能、也不願意做出決定與承諾；這些「經歷『存在的阻礙』」的時刻，有時去象徵著什麼、具有什麼更深的意義。我發現自己在反覆的循環中打轉，想知道這些失去對於孤獨、被拋棄、失去女友、找不到穩定工作所懷抱的恐懼；我想知道這些失會體現為未能結束有害關係，或者生活情況有所犧牲。我害怕獨處，害怕獨自前行，害怕在沒有偽母親（我的女友）或偽父親（我的生涯、工作與職業）的情況下

面對這個世界,因為我缺乏「存在的勇氣」,沒有勇氣繼續前進、獨自生活,做出會讓我陷入未知存在模式的決定。

在尋求治療的過程中,我原本以為自己會被歸類為創傷患者並接受對應的治療,但在診間裡,我發現自己不過是另一個向來優柔寡斷、心神不寧、缺乏安全感或焦慮的人,而我很快便意識到,**這些表現其實是同一回事**。我的焦慮變得更加嚴重;父母的離世深深打擊了原本就容易焦慮的我。他們的去世打斷了我「自然地」與父母分開的連續性發展;就我自我發現與自我建構的發展階段而言,他們的早逝是「不自然的」;他們的死亡威脅了我認為自己存在這個世界的意義與目的。雙親的離世讓我意識到,焦慮會延燒、會孳生,會產生更新的版本、留下更新的印記。在新的創傷與失去、以及新的威脅之下,我的焦慮相互作用,像病毒一樣重新組合,產生變種,在我體內傳播,其凶猛與深入內心的不安令我驚訝不已。我的恐懼有了轉變,但那種原始的焦慮,那種黑暗且源源不絕的恐懼依然如初,儘管我的生活細節發生了變化;在我的世界裡,焦慮的氣泡不斷上升,並以新的形式出現。

焦慮的意義 64

我生活的世界在物質與情感方面都發生了變化；我成為移民、研究生、愛人、教授、丈夫，最戲劇性的是，我成了一位年輕女性的父親。每一個角色——長大成人、找到工作、「安定下來」——都促成了新形式的焦慮與不安全感。我曾接受治療，試圖擺脫憂鬱、悲傷、心煩意亂與性嫉妒——這些奇蹟般地全是一種潛藏不露的根本性焦慮互有關聯且顯而易見的表現。我在閱讀或寫作時會分心（患有「注意力缺失」），因為這些行為令我擔心自己太笨、動作太慢，以致浪費了我在這個世界上所擁有的寶貴且即將耗盡的時間；我為我沒有讀（或寫）的書籍感到焦慮，為我正在過的生活感到焦慮，因為與別人相比，我的生活顯得貧瘠且似乎誤入歧途；我痛苦、可憐、病態地嫉妒我的愛人們，羨慕他們的性經驗，以及其預示的失敗與失去；我之所以感到沮喪，是因為我焦慮地預料自己會失去其他東西，就如之前所經歷的那樣；我擔心父母的去世可能表明了我不偏不倚地選中了各種不幸，向宇宙示意我已準備好迎接那些不幸。這些心理現象是一種令人備受折磨、痛苦難忍的畏懼的各種表現，由許多初始的意象所組

65　第二章　焦慮的生成與存有

成。我無法再承受悲痛，不論在實際上或比喻上；我心中有一個見證者，而它再也受不了。

佛洛伊德說過，治療的目的是讓我們從歇斯底里的痛苦變為普通的不幸。[5]因此，治療並不能給予我保證、帶來安慰或治癒我。我曾經希望，自己的焦慮是單純的創傷所致；我希望自己只是挨了一拳或受了傷，之後會痊癒；我希望自己生的病可以治得好。然而，我了解到焦慮是我存在的一部分；若要形容我這個人，就必須描述我的焦慮，即便對我自己也是如此。我在精神上將自己定位成一個飽受後殖民憂慮與怨恨所苦的印度年輕人；我的童年是一位傳奇父親的小兒子，這位不凡人物是一名飛行員與戰士，歷經了兩場戰爭，幾乎無往不勝；我美麗、慈愛的母親成了寡婦，後來因創傷而罹患了憂鬱症與致命疾病；我與年長且比我強壯的哥哥（他還是一名戰鬥機飛行員！）關係緊張，對他想兄代父職的企圖深感厭惡與抗拒；我與情史比我豐富的女友感情並不穩定；我移居他鄉，當地強烈推崇男人味的風氣，注定與我沒那麼明顯的男子氣概有所衝突，其個體性至上與社會孤僻的狀態，也不

焦慮的意義 66

可能歡迎一個孤獨想家、尋求溫暖的流亡者；我決定在學術界尋找一種以情感與精神上的強烈不安全感、靈魂的孤立與無情的競爭為特徵的職業：這樣的個人背景促成、助長並終結了我獨一無二且極為特殊的焦慮。

我生命中這些大大小小的經驗與我是個凡人、擁有的知識不盡完善、具備的能力並不完整且未實現的事實交織在一起。我並非無所不知的，於是我感到焦慮，因為我不知道未來會發生什麼事；我並非全能，於是我感到焦慮，因為我知道自己不能、也不會承受這個世界給予我的所有侮辱，無論肉體或精神上；我並非全善，於是我感到焦慮，因為我知道且意識到自己會做錯事、會心懷惡意，甚至會傷害我所愛與關心的人。我的無能也提醒著自己，我可能會成為他人缺乏慈悲與知識的情況下的受害者。我在這個世界得到的愈多，就愈感到焦慮，因為我可能會失去的東西更多。年輕時，我對未來的生活充滿焦慮，擔憂自己是否**將**活得「正確」；如今身為一個中年男性，我對是否**有**活得「正確」而感到焦慮。我從個性早熟、如花似玉的女兒的存在中找到了生命的喜悅，但這片銀色的雲彩籠罩在陰影之下，我一方面

「怖慄的自由」

死亡讓我學到許多關於焦慮與我們是誰的道理。過早接觸死亡，確保了我生命中的每一次失去（包括從印度跨越滿是汗水的河流遷居巴基斯坦）都會被最慘痛的失去——即喪親之痛——所引發的致命恐懼所籠罩；沒有其他事情比這個雙重打擊更能影響我的情感與哲學傾向。生活中無論多麼平淡無奇的瑣事，哪怕是任何一絲有關失去的暗示，都會讓人再次受創。我對死亡的恐懼，使得死亡與死亡焦慮在生活中歷歷如繪。我創造、促成並參與了迷你版的死亡⋯我喝到不省人事，沒日沒

因為她的出現而感到幸福，另一方面又因為有可能失去她而感到惶恐不安。步入中年，我對死亡與衰老、對未來遭受悲痛與困苦，對自己的年邁與離世將使家人深陷痛苦所感到的焦慮，變得更加深沉。

人生似乎是一場殘忍的把戲，目的是創造與延續焦慮。

焦慮的意義 68

夜地酗酒，有時甚至還在喝酒後飆車，好忘卻一切煩惱；發脾氣時，我失控暴怒到感覺那團紅霧濃得發黑，讓我陷入一片心情舒暢的霧靄，一種暫時擺脫焦慮的遺忘。我的憤怒反映了一種欲望，我想癱倒在地，嚎啕大哭，蜷縮在角落裡，憂懼這個世界將有可能帶給我的不幸。我開始相信，未來也仍會相信，我將以跟父親或母親相同的方式死去：不是突然心臟病發作而倒下，就是體內長了腫瘤、去做檢查，然後發現自己已經癌末。這兩種可能性同樣令我感到害怕；後者或許更嚇人，因為它意味著更多的痛苦與折磨，尤其是對於我所愛的人，他們將站在我臨終的病榻旁，撫摸我燒得發燙的額頭，緊握著我的手，在我悄然進入不歸之鄉時流淚悲泣。

父母的死讓我感覺自己受到詛咒，被命運那邪惡且具傳染力的手所碰觸；我也意識到，這讓我接觸到人的肉身存在未獲承認的面向。父親拚命想呼吸空氣的掙獰表情；覆上一塊白布、上頭有他臨終時失禁的排泄物痕跡的冰冷屍體；父親的肉體逐漸碎裂與熔化，消失在火葬柴堆的烈焰中；母親因為肝臟衰竭、無法代謝血液中的毒素而皮膚發黃；肺臟塌陷、感到噁心與眩暈，臨終前意識渾沌。我將母親的屍

體留在醫院的太平間過夜，讓她獨自一人待在全是死屍的房間，試圖說服我自己那具屍體不是她，擺脫不了我滿是懷疑的心所感受到的恐怖。她是否有意識到自己孤獨一人，被困在那間陰暗、可怖、冰冷的往生室裡時，是否想念她的兩個兒子？我注意到，隨著死亡的逼近，母親消失了，取而代之的是一具了無生氣的屍體；在她的肉體崩解之際，我意識到自我與人格也跟著消解，上了一堂沒有文本分析、卻深刻而根本的哲學課程。我能夠不為所動地看見她身上冒出一層層階梯，每一層都接續前一層而來；接著，我熟悉的生活結束了，我認識的人離開了。但是，那些存在的痕跡還在，讓我時刻想起將我帶到這個世界上的父親與母親。

母親去世後，一場根本性危機將我壓垮；我意識到自己前所未有地自由。在那之前，我一直認為自己的生活與父母緊密相連；也許我必須嚮往他們的標準，尋求他們的認可，為了不讓他們擔心而小心翼翼地過生活；現在，所有這些障礙都消失了；正如歌曲所唱的那樣，我是自由的，可以「做我想做的事，任何時候都行」。[6] 我可以讓自己從痛苦中解脫，結束自己的生命，因為我知道我的父母不必

焦慮的意義　70

為了失去他們的寶貝兒子而悲傷。這種認識引起了駭人的驚惶；這是我第一次體會恐慌，因為我明白了存在主義哲學家在描述人類「怖慄的自由」及由此而生的焦慮時的言外之意。如果世上真有上帝，那無疑是我的父母，而他們的死帶走了我的道德秩序、我的人生目標與存在的理由。我活著是為了什麼？我是為誰而活？如果沒有人與我分享這一切，又有什麼意義？如果我的父母都能如此殘忍無情地死去，那麼我的兄弟、姪兒、妻子、女兒、朋友，還有我，也可以如此。那麼，我所擁有與將會失去的，又是什麼？

父母的離世與我對存在的焦慮狀態，顛覆了這個世界的秩序，使我對世事的理解有所改觀；對我而言，透過有意識、帶有情感而非全然理性的理解，相信這個世界具有適應性的主張，成為了一種哲學的老生常談──因為這是我的經歷，在雙親去世之後，我與世界同時發生了變化。由於我生活在一個充滿未知的世界，任何領域的確定性都顯得可笑；我冷眼看著那些漠不關心的人類同胞傲慢自大的模樣，心想他們其實不堪一擊。人類與非人類的脆弱性──無論人為與否──都顯而易見；

71　第二章　焦慮的生成與存有

活在世上，就是不顧後果的放肆。喪親之痛讓我明白，這個世界是建立在流沙之上的流沙；明白關於確定性的談論荒唐可笑；明白萬物來來去去，交替消長；明白這個世界涵納了許多世界，即使其他世界終止了，仍有一些世界繼續存在；明白上帝並不存在；明白世上沒有比愛更重要的真理；也明白我們想要的是陪伴與精神的慰藉。我發覺自己對哲學理論感到著迷，這些理論讓我確信，生命不具任何意義與價值，除非我們賦予它意義與價值，它們讓我知道，我的存在沒有預先確定的目的。

倘若我相信生命有一個預先決定的終點、一個目的地、一個預定的目的論，就會陷入焦慮，擔心自己沒有實現人生目標，擔心自己浪費生命。唯有說服自己相信生活不具目的，相信自己無法將失敗從勝利的口中叼走，才能緩解這種焦慮。令人玩味的是，這種想法比任何教人如何探尋現實與存在的真理的虛幻指示還能帶給我幫助。它讓我能夠乘風而飛；相信這個世界沒有特別的目的，相信生命沒有終點，這是一種令人陶醉與寬慰的可能性。我只要活著就好。

在存在主義哲學中獲得理解

我在試圖成為一位職業哲學家時認識了心理治療；因此，哲學教育在我克服焦慮的過程中發揮了作用；這就跟我與諮商師進行的面談一樣，都是一種療法。我發現形式哲學（formal philosophy）分為兩種：一種似乎是技術性且深奧難懂的，另一種似乎屬於個人與情感面。前者是「現代哲學家」與「分析哲學家」的經典準則；他們激烈爭論關於意義、存在的本質、心靈、語言與知識的理論，關於指涉、意識及語義的理論，以及物理學與生物學的概念基礎；他們想像自己是物理與社會科學的批判評論家，僅此而已。哲學是從批判與探究的角度去觀察這個世界，進行這個活動的主體不是人類，而是各種思想流派。哲學家的身分無關緊要；重要的是他們提出的學說。這些學說是如此不近人情，以致我感到茫然；它們與我的生活無關，與我選擇學習哲學的原因無關。我希望哲學能幫助我面對悲傷與焦慮，幫助我理解為什麼我的人生是這個樣子。

73　第二章　焦慮的生成與存有

在後者的哲學家之中，值得一提的是存在主義哲學家：沙特（Jean-Paul Sartre）、尼采、齊克果、卡繆（Albert Camus）、烏納穆諾（Miguel Unamuno）、杜斯妥耶夫斯基（Fyodor Dostoyevsky）等人，其中一些人在學術界不被視為是哲學家，他們的著作也沒有被列入必讀清單。在這些人的學說中，我發現我的苦痛、我希望這個殘酷而無意義的世界變得有意義的強烈渴望得到了認可與接納。存在主義者是憂鬱與內省的，他們渴望理解自己的感受從何而來；他們公開而誠實地描述死亡、以及死亡威脅我們生命的荒謬。我意識到，我跟其他人類一樣，都是情感與理智的奇妙混合體；存在主義融合了哲學與文學、情感與理智，它讓我確信，那是有血有肉的具體生物，而非熱門理論的抽象的哲學思辨中潛藏著真實的人類，那是有血有肉的具體生物，而非熱門理論的抽象實例，更不僅僅是對深奧哲學細節的技術分析。存在主義者談論心情、感受與情緒；他們以自我生活經驗來主張人類的處境，拉近了文學、哲學、心理學、甚至宗教與靈性之間的距離。他們的主張出自他們對自我與他人情緒的解讀，而非出自一連串錯綜複雜、賣弄學問的論證。只有像齊克果這樣的存在主義者才會說：「科學

焦慮的意義 74

就像詩歌與藝術那樣，會設想創造者與接受者雙方的心境。」[7]他們讓我看見嶄新的事物，並從嶄新的角度看待舊的事物；他們讓我在開始接觸哲學時感覺脫胎換骨。他們清楚表明，我們得先有能力在情感上接受哲學主張，才能理解與實現它們，此外，如果你**真正**理解了某件事，便能逐漸感受到適當的情感；齊克果認為，唯有當你懷抱適當的情緒與情感，才能理解某些主體（及其在我們生命中的重要性）。[8]他們的表述將哲學思想與我們應該如何生活的問題連結在一起：如欲充分而正確地理解所思所想，就必須設法依據所思所想去過生活。我來對地方了；在這裡，我可以找到生命需要的東西，那不是「成功」、「賺錢」或「向上流動」，而是活著──即便未必時時刻刻都感到快樂或無憂無慮。

我初次接觸存在主義者對於存在先於本質、存在的荒謬性與無意義所提出的表述時，第一個反應是鬆了一口氣。我並沒有因為生活可能是毫無意義或荒謬的而感到惶恐；我的實際經驗已經證實了這種主張。我的父母去世了，這表示這個世界的殘酷沒有止境；他們的死讓這個世界變得荒謬，揭露了解脫其實是個殘酷的謊言、

致命的歪曲。然而，我也沒有受到詛咒，被宇宙選中而必須接受懲罰；我父母的死並不是先發制人的證據；相反地，它們是可能發生在任何人身上的事件，而它們在我生命中的重要性與意義，取決於我對它們的解讀。畢竟，假使宇宙真如表面上那樣荒謬，為什麼會特別捉弄我呢？我對未來遭遇不幸的焦慮已濃縮成一種我害怕生活走上歧途的恐懼，這種恐懼由家庭、社會與文化的期望所支撐，並轉化為宇宙的約束，彷彿我必須以這種方式過生活。即使我沒有上天堂或下地獄，仍有世俗的懲罰與奚落——沒有上帝仁慈的智慧——在等著我：我浪費了自己的潛力，選錯了職業，選擇了不適合我的人生伴侶，以錯誤的方式過著錯誤的生活。最大的失敗——活出不正確的人生——在前方等著我。生活沒有形體、讓人無法捉摸，但更令人惶惶不安的是，巨大的規範性失敗有可能到來。存在主義承諾能幫助人們擺脫這種恐怖的可能性，因其主張錯誤的決定並不存在。我必須善盡本分，找到自己的定位，決定自我的存在。在我的人生中，沒有我注定要扮演的角色，也沒有我扮不好的角色；沒有我未能實踐的規範性人生藍圖。不管我是什麼，我存在的目的都是發明，

焦慮的意義　76

而不是發現。

哲學帶我脫離第一個困境——虛度光陰：閱讀哲學著作時（至少是那些言之有物的著作），我感覺更有活力，更像個人，比較不焦慮。一旦我放下書，這樣的光芒可能就會消失，但一些餘輝仍會留下，渲染我之後對人生境遇的解讀，使我能夠透過新的哲學視角去理解它們。我得到的第二個解脫是，哲學給了我一種**永恆的**（species sub aeternitatis）超然視角——一種昇華的「沒有來處的觀點」，能夠以更寬闊的釋然角度去看待日常生活中微不足道的瑣碎擔憂與恐懼。最後，像存在主義這樣的哲學學說，為我帶來了精神上的慰藉；它們讓我看到了生活中平淡無奇的決定如何受到與之交集的「終極關懷」（ultimate concerns）所影響，讓我了解這些決定與長久以來的關注一點也不平凡，個個都讓我得以接觸原始的焦慮，因此值得受到尊重。

存在主義學說提出——但不滿足於——今生毫無意義的可能性，緩解了那種令人焦慮的可怕想法，即預先存在的意義、價值與本質是我無法發現或實現的。在一

77　第二章　焦慮的生成與存有

哲學與生活

我投入哲學領域，是為了擺脫憂鬱、焦慮與悲傷。我不認為自己能在哲學中找到解決之道；我只希望有時間閱讀，讓自己沉浸於文字與他人得來不易的智慧，以一種高尚的方式排遣時間，這是消磨那種日復一日朝九晚五、使人倦怠不已的生活的最佳方式。經過多年的學習研究，從學生、哲學教授再到現在的哲學諮商師，我發現我的焦慮並未消失。我必須與它共處——它是我不斷進化的自我的重要組成。

個沒有錯誤決定的世界裡，不會有認知失調的焦慮，也不會有糟蹋生命的焦慮。我意識到這種哲學思考的治療價值，並欣然接受。是焦慮的狀態驅使我這麼做；它以一種由強烈的焦慮所建立與維持的情緒與情感場域來填實理智的基礎。以這種治療方式實現的哲學並不可恥；這正是它應該有的樣子：哲學被用來教導我們怎麼過更好的生活，驅散那些使生活變得過分艱辛的幻想與妄想。

在接受自我的過程中，我尤其關注焦慮如何成為自我的一種獨特表述、它如何使我過著現在的生活，進而決定了我是誰。我希望哲學也能對你有類似的效用，它能幫助你接受人總會感到焦慮，因此不必為焦慮而焦慮的觀點。

哲學不是一種抽象的學說，不是一種職業，不是贏得爭辯的手段，也不是一種看似世俗、深奧或複雜的生活方式，而是一種發自與針對內心及精神的生活處方。哲學改變了我的人生；我依賴閱讀與哲學思考，也依賴冥想、徒步旅行、登山、跑步與舉重等非藥物處方來幫助自己「解決」焦慮。這不是一種「征服」、「治癒」或「治療」；我不希望我與自己的焦慮之間是這樣的關係。我會使用「接受」、「共處」或較通俗的「承認」等詞彙來描述焦慮。我的焦慮不是外來或外在；它屬於我；它就是我。指引我認識到這一點的，是哲學與生活之間的相互影響。我希望本書也能為你帶來同樣的幫助。

第三章 存在的焦慮

我們之所以感到痛苦，是因為對自己是誰與別人是誰感到困惑。

- 以佛教為基礎的哲學治療
- 佛教的四聖諦
- 佛陀談無知的焦慮

以佛教為基礎的哲學治療

佛教的古老宗教與實踐將哲學視為一項實用、道德與治療性事業，為其信徒「深刻感受的苦難」提供「自我轉化的工具」與「實用的解決辦法」；[1] 以佛教為基礎的哲學治療明顯旨在「治療根深柢固的不滿」。[2] 這是一項野心勃勃的任務，佛教學說（有好幾套）的複雜性及其嚴格的要求，是為了確保自我轉化與個人化的實際解決辦法能夠在佛教的理論與實踐中敏銳表達。[3] 這裡引述的「治療」概念提醒了我們，佛陀在門徒的眼中是一位醫者，是一位能夠診斷病症、判測預後與對症下藥以「治療苦難世界的精神疾病」的「偉大醫生」。[4]

在導致人類「根深柢固的不滿」的「精神疾病」之中，最重要的是佛教中複雜而又經常被誤解的概念——「苦」（dukkha）。雖然「苦」有時被視為純粹的「痛苦」，但仔細檢視其本質及其假定原因會發現，除了其他影響與感受之外，苦是一種嚴重的焦慮、一種存在的不適，源自於個體在理智與情感上無法面對存在的赤

裸事實（包括人類的個人身分）。我們可以將佛陀的主張解讀為，人活在世上——最重要的是，受到迷惑——必定會感到焦慮、悲傷、恐懼與憤怒；若想得到解脫，首先必須真正、明確地理解對世界的本質與人類存在於世界中的位置。如果我們誤解了世界以及更重要的自我的本質——誤將繩子當成了蛇，或者誤將蛇當成了繩子——我們就會感到焦慮，並遭受極為痛苦的折磨。

佛陀教導我們深刻地理解與接受這個世界及自己的個人身分；一旦你了解世界如何「運作」，以及你是誰與你是什麼，就會明白人類的苦是一種不必要的磨難，根植於人們對現實本質的深刻、徹底與形上學的誤解。如果你錯誤地置身於這種世界觀之中，就會受苦；倘若導正了這種觀點，你就能從深刻的存在苦難中解脫。因此，佛教認為焦慮——如同憤怒——是一種可以治癒的疾病；其宗教實踐旨在改善與盡可能減少焦慮對生活的影響。佛陀主張，若能「改變情緒亂流所依藉的信念」[5]，便可達到一種極為特殊的「寧靜」，並向追隨者提供了各種技巧，除了建構與評估哲學論據（這是佛陀與門徒之間熱烈討論的長久標誌）之外，還包括「努

83　第三章　存在的焦慮

力使心靈平靜，密切觀察心理狀態，改變習慣，期待、延遲、分心、建議或安慰、向模範看齊、自我反省與懺悔」。⁶這些指導與方法直到今日依然可行；所有教人如何擺脫焦慮的暢銷書都涵蓋了這些基本靈修的不同版本。然而，這些實踐所帶來的寧靜——如果進入預期的最終狀態——是「完全、或幾乎沒有憤怒、恐懼與悲傷等情緒」。⁷考量憤怒等情緒在政治與道德上的價值，我們不會希望過這種心如止水的生活，這是那些追尋非遁世生活形式的人們在信奉佛教時會遇到的一個複雜問題。然而，如果這條通往寧靜的道路能讓人在極為特殊的苦痛中得到**某種**慰藉，便值得我們踏上旅途。

在佛陀看來，焦慮是一個問題，是像人類這樣的存在對自己是什麼及自己所處世界的本質感到困惑時會產生的一種情緒；焦慮是一種不幸的苦難，可以透過改變其與存在之間的關係，來加以避免與治癒。如接下來的篇章將提到的，雖然佛教對焦慮所抱持的態度有別於存在主義的療法，但這兩派一致認為，焦慮的起因，是我們敏銳地覺察或經過轉念而意識到死亡、人的必死性、有限的生命、絕對的人類約

焦慮的意義　84

束與構成條件。這兩種對焦慮的理解之間的對比在於，我們受到佛教的啟蒙與意識到自己真正的本質時，將能擺脫焦慮，而我們受到存在主義的啟發時，將能接納焦慮，進而了解自己真正的本質。但在這兩種情況下，我們不可逃避焦慮：以佛教為例，我們要了解焦慮的原因，以及我們的誤解是如何產生的。想做到這一點，我們需要近距離觀察野獸——我們的內心——的本質，透過正念或冥想的技巧，以第一人稱的意識研究來檢視自己的想法，並理解它們與我們所認為的自我存在何種關係。

佛教的四聖諦

若想了解佛教如何看待焦慮，我們可以深入研究「四聖諦」（Four Noble Truths）——佛陀教導門徒解開世俗困惑的方法：世上存在苦難；這種苦難的成因顯而易見；這種苦難可以被緩解；以下是舒解的方法。佛教的第一聖諦指出了人類對存在

85　第三章　存在的焦慮

無可否認且強烈的不滿，而其中一個不可抹滅的組成部分正是「苦」。佛陀接著指出，人走向解脫的第一步，正如第二聖諦所述，就是明白自己的苦難事出有因，這是一種對世界的本質與人類存在於世界中的位置、真實而明確的理解。苦難並不神祕，也並非無法解釋；它根植於人類存在的基本事實之上。若想了解它，我們必須毫不畏縮地接受人類處境的本質，接受其有限、局限與俗世塵務的限制。接著，我們必須教訓誡我們，我們對世界的情感反應，必須認知自己對這個世界的情緒反應，關注自己所認識與了解的世界本質；我們必須利用這種得來不易的洞察，並從現實角度評估自身的苦難與存在加諸在我們身上的限制之間有何關係，來緩解自己對苦難與失去的情緒反應。

佛陀從不悲觀看待人們得到解脫與救贖的可能性；在西方，有一種顯著的佛教觀被視為一成不變的悲觀主義，這種厭惡或排斥世界的觀點大錯特錯。[8]相反地，佛陀在第三聖諦中樂觀預示了未來⋯苦難可以透過第四聖諦所揭示的八正道（Eight-Fold Path）來緩解，其為一種心態、立場，以及關鍵的承諾與實踐之結合，旨在培

焦慮的意義　86

養更「有技巧地」過生活的習慣。佛教的承諾是，如果我們改變了感知與認識世界的方式，便可以減輕自己的苦難、苦與焦慮；我們可以經由某種形式的覺醒或「識見」來獲得救贖或解脫，達到**涅槃**（nirvana）的極樂狀態，這是一個漫長而緩慢的過程，在這當中，我們必須消除那些阻礙我們認清自己是什麼與自己是誰的事物；正是這種「未能識見」導致了我們的焦慮。正如佛陀所指，「不滿足於未受啟迪的存在所致的苦難」，可以經由「轉化的洞察」或「識見與認清事物的真實本質」的能力加以避免。對於門徒在實行八正道與義務（Righteous Duty）時所遇到的問題，佛陀建議了許多治療方法來幫助他們達成「識見」，反覆練習生活藝術的實踐，努力從原本在遠洋航程中量得昏天暗地，變為在雷雨交加的怒海中仍能輕鬆行走於濕滑傾斜的甲板上。如此的成功者既熟諳甲板的物理特性，也深知自身的個人能力，於是能夠將這些技能巧妙融合在「技巧性平衡行走」的實踐中。

對於佛教的四聖諦，倘若你未經思考，會認為這些方法陳腐而平庸。然而，人們依然沒有意願去接納它們；我們聲稱它們顯而易見，卻未訴諸想法與行為來回應

87　第三章　存在的焦慮

它們的真實性。打個比方,假設有一個盲人經過手術恢復了視力。拆下繃帶後,問他看不看得見。他回答「是」,但隨即撞到了前方的桌子,可見他還沒恢復視力。又假設有一個人去看電影,一看到片名就開始哭泣。等到電影播畢、下一場即將開始,工作人員請他平復情緒並離開時,他遲遲不願起身;對此,我們會說這個人不懂電影為何物、不懂電影如何展開與結束。我們對現實本質及自己處於其中位置的理解,也是同樣的道理。(在這個比喻中,我們不該認為電影觀眾單純是「情緒化」或「過於激動」;佛陀主張,如果這種情緒令你感到不安,就必須從你對於**電影為何物**、以及觀賞電影會引發什麼感受的看法去理解它。)

苦是劇烈的存在苦難。苦不只是對這個世界上各種不幸經驗感到不安的表述,譬如失去工作或收入,或者生病與受傷而導致的生理不適;這不是那種單純對於明顯可見的威脅——譬如在路上遇到的毒蛇猛獸——所懷抱的恐懼。我們之所以知道這一點,是因為即使有了工作、收入、棲身之所、無病無痛的自在生活,並除去了

焦慮的意義　88

危險動物的威脅，我們依然會感覺到苦，因為這種感受是有知覺的人面對所處世界的短暫無常、真實自我的無知、無法滿足無窮又容易受挫的欲望的棘手難題時，所產生的深刻苦難。存在的苦難，源自於「意識到自己終有一天會離開人世而感受到的沮喪、疏離與絕望」。人們之所以感到沮喪，是因為無法達成人生目標，或者無法期望能永遠收穫那些回報；所有這些享受都受到時間的限制，伴隨著失去它們的恐懼。在任何一種令人愉悅的狀態中，我們必然會擔心這種狀態很快就會結束，取而代之的是一種剝奪感，或者，我們會感到厭膩，開始絕望而無助地渴求失去的狀態。（事實上，這種愉悅的狀態就像春季或秋日的美好時光，令人特別容易焦慮，因為我們擔心它們很快就會結束、很容易被「虛擲」，而且可能再也不會重現。）我們之所以感到疏離，是因為感覺在政治與經濟領域遭人疏遠，這由我們無法控制或估算的力量所操縱，而在私領域，我們孤獨與孤立，具有獨一無二、無法表達且難以形容的主體性，作為一個永遠無法與任何人相稱的個體。諷刺的是，我們沉浸於愛時，會明顯感受到這種極端的孤立，並發現即使是我們最愛的人，譬如

父母、愛人與孩子，在極大程度上仍是完完全全的陌生人。我們之所以感到絕望，是因為意識到自己在生命、能力與成就方面都受到限制，終將一死；我們瞥見了應許之地，知道自己無論在物質或肉體上都不可能到達那裡；我們意識到自己在大自然面前無力阻止所愛的人與自己受到傷害，更無法阻止時間、疾病、衰敗與死亡的必然進程。（美國實用主義〔pragmatism〕哲學家威廉・詹姆斯〔William James〕是數一數二敏感的哲學家，他提到，「我內心深處有一種可怖的畏懼，一種對生活的不安全感」；這種無法消除的感受源於對自己在世界上必須付出代價的痛苦意識，而這正是人會受「苦」的原因。[10] 痛苦與失去的不可避免性、以及人出於本能對它的意識與認識，無論偽裝得多好，都使詹姆斯對自身精神飽受折磨的理解近似於佛教提出的苦的概念。）

佛陀談無知的焦慮

女兒出生的那天，我欣喜若狂，同時也意識到令我痛苦萬分、簡直難以在此提及的一些事實：我無法阻止她遭受失去與絕望；我身為父親的愛與渴望，絲毫無法改變她生在的這個世界的本質；最後，令我心如刀割的是，她有一天也會離開人世。我希望我不會活到那個時候，同時也意識到這樣也是在盼望我們之中只有一個人會承受另一人離去的痛苦。這些我們不得不反覆思量的想法，是生活中常年存在的陰影，一個人不論多富有、多強大、多有魅力，都無法避免。我們努力留下印記、想讓自己為後人所懷念，但最終的命運——那些不斷探問接下來會發生什麼事的人們對此特別好奇——是被遺忘。那麼，這個世界與其所有的要求又是如何呢？

對佛教徒而言，存在的焦慮是一種苦；這不是一種精神官能症，也並非象徵著對自己、真實或行動與選擇的無限可能性。相反地，這是無知生物存在的狀態，他們對自己的本性感到困惑、在黑暗中摸索，充滿妄想與無知，恐懼永遠存在於生命中

91　第三章　存在的焦慮

在佛陀看來，有三種覺知與領悟的失敗構成了我們的苦。第一，世界是短暫且動態的，變化無常，永遠都有未知出現，致使我們面對突如其來的挑戰時，會陷入情緒與生理的動盪。（世界瞬息萬變，當下短暫而稍縱即逝的說法，當然也是一種安慰，因為「此刻會過去」。）第二，這種永恆的存有——是事物形體會不斷變化的一種自然表述——確保我們的欲望不能永遠得到滿足，因為持久、安全的滿足只會發生在一個具有靜止、休息與寧靜之地的世界。例如，我渴望且得到了一支霜淇淋，但我在開心享用的同時，也意識到這種愉悅感將會結束，此外，如果這種感覺真能持續，我將達到豐足的狀態，因為所有欲望滿足後，隨之而來的是厭膩、無聊或擔心將失去所求之物的焦慮——無論這種擁有是有形或無形。這種「轉變所致的苦難」使我們陷入一種嚴重的精神與情緒的不安全感。（這些關於欲望滿足無常的表述，可見於德國哲學家亞瑟‧叔本華〔Arthur Schopenhauer〕的著作，他言過其

的衰敗、消失與死亡的可能性，並因此傷害了自己與他人。他們所遭受的焦慮——即苦——毫無意義且不必要，可以、也應該加以緩解或消除。

焦慮的意義　92

實地承認自己受惠於東方的宗教與哲學。有些人將叔本華稱為「最悲觀」的哲學家，因為他領悟到，一個願望的滿足不過是在暗示將有另一個願望取而代之，人在追求永無止境的需求與欲望時，注定會在絕望的貪婪、滿足與厭倦之間搖擺。）

因此，人們會受苦，是因為意識被一種認識給玷汙了，也就是幸福取決於一個瞬息萬變、無法控制的世界；人們知道（無論有意識或無意識），幸福轉瞬即逝，擁有的一切不論有形或無形，都可能會失去。在各式各樣的焦慮之中，這種焦慮甚至會破壞難得的快樂時刻，因為我們知道，在情感與生理上費盡一番工夫才獲得的任何幸福可能隨時會結束，而其中的原因，只有親身經歷才會明白。未知、無形與不可知聯手使當下的滿足變得空洞，因為我們知道這些滿足將在不久的未來畫下句點，而且很可能變得完全相反。因此，我們處於一種在不同程度上意識到存在之脆弱性的狀態，不確定所愛的人將遭遇何種命運，不確定所珍視的一切將如何演變；這樣的覺知令人極為痛苦。我們知道自己察覺得到籠罩著銀色雲彩的陰影；我們知道衰老、失去、死亡與剝奪時刻潛伏在旁。經歷這種無

法消除的意識，就是苦。在佛教的理解中，抗焦慮藥物一點用處也沒有，因為它無法治癒我們遭受的悲傷或憤怒，無法減少我們對死亡必然性的意識，也無法削弱我們對世事無常短暫的財富與喜悅的執著、渴求與欲望。

佛陀主張，不知道**自己是誰**的無知尤其令人痛苦，因為我們想像的自我，不是以我們想像的方式所存在的；如果我們無法領悟「無我觀」，就會繼續感到迷惑與痛苦。第三種、也是最後一種覺知的失敗，是佛教教義中最深奧、當然也是最具爭議的一點；如佛陀所堅持的那樣，這也是佛教最基本且最重要的教誨。即我們焦慮，是因為擔憂某個特定事物——也就是自我，寶貴的「我」（那個屬於所謂「我的身體」的我）——的命運。正是這個自我的失去、不幸與對死後虛無的憂慮，使人感到焦慮；我們所追尋與渴求的，正是這個自我的財富、利益與名聲。然而，佛陀對個人的身分進行了解構與壓縮的分析，駁斥了一種觀念，那就是持續且始終不變的「我」——「自我」或「靈魂」——是焦慮的所在，以及「我」在社會與道德世界中是道德與法律上的指責、能動性與責任的所在。

在佛教的觀點中，人由色（形體）、受（感覺）、想（知覺）、行（意志）與識（意識）這五種持續且快速變化的「叢束」、「群集」或「積聚」所組成，但其中不存在永恆不朽的「我」。「我」是持續性動態過程的一個快速形變階段，包含了不屬於「我」本身的多個部分。我們只有這五種不斷變化的叢束；我們是有特定形體的血肉之軀，擁有感知與感受、能夠行動且具有意識，但這些並不屬於一個永恆的實體；這些積聚沒有任何一種能構成崇高的「我」或「個人」。我們是場域，在此，這五種動態過程相遇，經過一段時間後形成可見的統合；這個進程的每個階段基於因果關係而產生下一個階段，但不存在永恆的實體。我們擁有形體、感覺、知覺、意志與意識；在這裡，永恆不朽的自我無處可尋。

但是，這個自我正是恐懼與擔憂的根源；我們精心慎重地為自我賦予名字，關心它的幸福，保護它的肉體不受外在的羞辱與傷害，對它的幸與不幸感到快樂與悲傷；我們哀悼與恐懼這個自我的消逝。我們對自我的依附是如此之深，以致除非我們系統地關注自身思想，否則不會注意到自身的思想並不依附於任何人；我們的所

95　第三章　存在的焦慮

思所想是其他思想；而這種高階思想的出現其實就是「思考」的意義。如果這些思想、這個肉體不屬於任何人，那麼我們為什麼要在乎命運、失去、財富、報酬與利益呢？畢竟，這些事物唯有在依附於因其而獲得或失去的人事物時，才具有意義與重要性。我們之所以感到痛苦，是因為對自己是誰與別人是誰感到困惑。只要我們關注的焦點是「我」、「自我」（ego）或「自性」（self），我們就會繼續受這個世界所束縛，繼續受困於誘惑與不滿足的欲望，以及不可避免的痛苦、疾病、苦難與死亡。傳統的「我」是獨一無二，不屬於宇宙——這是一種基本的分裂，使我們與「所有」的其餘部分分離；佛教所指的不存在的自我，使我們一再回到其輪迴中，在萬物之中適得其所。我們並非獨一無二，也並非脫離宇宙而自生自滅；我們不是被遺棄在世界上的陌生人；我們永遠不會離開，死後也不會去任何地方。我們不是被遺棄在世界上的陌生人；我們永遠不會離開，死後也不會去任何地方。（這種宇宙統合或「一體」的觀點由那些經歷過幻象的人所提出；對於那些接受安寧照護的病人而言，這種經驗可以帶給他們深度慰藉，讓他們知道，死亡可以是一種回歸與轉變，而不是消亡與抹去。）

焦慮的意義　96

這種據稱永恆、不朽與非物質的自我存在概念，帶來了語言上的便利，讓我們能夠以此依附於一種瞬息萬變的實體（就像我們堅持以歷久不衰的「利物浦足球俱樂部」來指稱一支球員陣容不斷更動的球隊一樣），體現於以下這段經常為人引述、發生在印度國王彌蘭陀王（Milinda）與一位周遊列國的佛教僧侶那先比丘（Nagasena，那迦犀那）之間的著名佛教經典對話中：

彌蘭陀王：先生，您何以備受世人崇敬？敢問貴姓大名？

那先比丘：國王陛下，世人稱我為那迦犀那，但這只是一個常見的稱號，因為世上沒有一個人是永恆存在的。

彌蘭陀王：可敬的那先比丘，如果您所言為真……那麼世上就沒有功與過，沒有善與惡，也不會有因果報應。您說您名為那迦犀那；既然如

① 太一（the One）：萬事萬物的共同起源。

那先比丘：此，那迦犀那代表什麼？頭髮？指甲、牙齒、皮膚或其他身體部位？是肉體、感受、知覺、形態，還是意識？是這些元素的結合嗎？抑或是它們以外的東西？

彌蘭陀王：都不是。

那先比丘：那麼，我看不到、也聽不到那迦犀那。那先比丘是一個空洞的聲音。在我們面前的是何人？閣下的聲望全是虛名。

彌蘭陀王：陛下，您怎麼來此？步行還是乘坐馬車？

那先比丘：可敬的先生，我乘馬車來。

彌蘭陀王：那麼陛下，請您解釋一下馬車是什麼。馬車是輪軸、底盤、韁繩還是軛？馬車是這些東西的結合，還是它們以外的東西？

那先比丘：都不是。

彌蘭陀王：可敬的先生，都不是。

那先比丘：那麼陛下，這輛馬車是空洞的聲音。你說你是乘馬車來的，這是假話。

焦慮的意義 98

彌蘭陀王：可敬的先生，我說的是實話。馬車正是因為具有這些部件，才會被稱為馬車。

那先比丘：陛下，我也正是因為具有五蘊，才有「那迦犀那」這個稱號。正如「馬車」一詞是因為不同部件的存在而存在，我們談論的存在也是因為其集合體而存在。11

對佛陀而言，焦慮的人無知且迷惑，執著於瞬息萬變的現實，拚命追求執著於那些短暫而變幻莫測、屬於不存在之存在的擁有。在佛教的觀點中，人們的焦慮完全是可以解釋的：我們總是害怕失去，害怕世界可能帶來的羞辱，因為我們所擁有與珍視的一切稍縱即逝。展望未來，我們可以預見令人痛苦的疾病、老朽與衰敗——每個都與特定的自我有關，即我的父母賦予了一個特定名字的「我」。我們對存在的渴望源自於對無我狀態的無知，以致渴望「感官的愉悅、財富與權力……思想與理想、觀點、意見、理論、觀念與信仰」，緊抓著它們不放，並且與其形成

了注定失敗的依附關係。[12]（請注意，佛陀並未區別我們急切渴望的是有形還是無形的事物；依附於意識形態、依附於僵化的思維、行為與生活方式，跟執著於物質財富一樣有害。）這意味著「欲望」會不斷增長，那是一種「想要生存、存在、重新存在、變得愈來愈好、有愈來愈多的成長與積累的意志」。[13]但是，這些積累與擁有恰恰受到我們無法控制、不停變化與未知的世界的威脅；因此，我們無時無刻都感到焦慮。

於是，焦慮在心中湧現，而非由外在引起。這個世界就是它原本的樣子；我們與它的關係及對它的了解導致了焦慮。我們的心靈是焦慮的創造者；倘若試圖消除那個引起恐懼與焦慮的客體（從經驗中得知的某些威脅），我們便無法嘗試去控制自身心靈以外的事物。如果世界無法改變，如果其變化與未知超出我們所能控制的範圍，如果我們無法麻痺自己的感覺，就只能掌握自己對世界的認知回應，也就是我們如何回應、解讀與判斷世界的給予或羞辱。[14]

若想做到這一點，首先應該注意自己的心靈是如何運作的，研究內心對恐懼、

焦慮的意義　100

惱怒、羞辱、干擾、剝奪與失去的反應。這種對身心交互作用的高度意識，可以藉由訓練與規律的定向冥想與正念練習來達成，這是一種將注意力從外在事物轉移到自己身上來進行的第一人身意識研究；這種意識能使我們專注於當下，進而避免自己遺憾或悔恨地回顧過去，或者恐懼而焦慮地預測未來。因此，佛陀要求我們留意內心，留意自己感到快樂、悲傷、焦慮或愉悅的場所與地點；我們真正研究的對象是自我；我們應該弄清楚自己是誰與自己是什麼，才能了解為什麼自己會有某些感覺與想法。正念與冥想──透過各種重要的技巧與實踐來達成，需要堅定與規律的執行──使我們得以探究自己的想法；了解了自己與想法之間的關係後，我們就能明白自己並不受這些想法所束縛；我們可能就會意識到，這些都是「不經思考的想法」。（這種練習也能幫助我們將恐慌、自私、自我中心的注意力從自己身上與日常擔憂移開；諷刺的是，冥想在大家眼中是一種靜心練習，但其實是對一般人以自我為中心的焦慮思考方式的一種深刻干擾。）

將內心視為與焦慮共處的解決方案，這種作法既令人沮喪又充滿希望：解脫近

在咫尺，但又宛如癡心妄想，因為這條路漫長而乏味，畢竟佛教主張的正念與冥想方法需要堅持不懈的努力才能達到涅槃狀態，這是大多凡人都做不到的事，佛陀本身也承認這一點，因此在布道時鼓勵信徒可依據他們追求開悟生活的程度，進行不同層面的分析與練習；並不是每個聽佛陀講道的受苦靈魂都想修道成僧、乞求施捨，尋求獨自沉思的生活。這表示，即使我們可能永遠無法抵達解脫與救贖的終點，仍然必須接受焦慮，與焦慮共存。面對焦慮，我們不會退縮，而是勇敢面對。[15]

因此，佛教導師一再強調與焦慮共存；他們主張掌握焦慮，方法不是避免焦慮，而是去接受無可避免的未知，相信自己歷經多次試驗後，有能力駕馭一個變化莫測的世界在預期下所造成的附帶結果。[16]這種能力在歷史上經常受到考驗，正如比丘尼佩瑪‧丘卓（Pema Chodron）以各種婉轉方式所說的那樣：

我們探索不安全感與痛苦的現實與不可預測性，試著不去抗拒。[17]

焦慮的意義　102

身為戰士，我們接受自己永遠不會知道接下來將發生什麼事⋯⋯真相是，我們永遠無法避免未知。這種不知是冒險的一部分，也是令我們感到害怕的原因。[18]

關鍵問題⋯⋯不在於我們如何避免未知與恐懼，而在於我們如何理解不安。[19]

透過練習⋯⋯我們學會與⋯⋯無名的恐懼共處。[20]

我們恐懼失去安全的錯覺——這就是令我們感到焦慮的原因。我們恐懼感到困惑，害怕不知所措。[21]

無我（Egolessness）是⋯⋯能夠安然接受不知、不探明每件事、不確定自己或他人是誰的狀態。[22]

在佛教的訓諭中，苦難是生命的一種狀態，而我在這項最公開直接的主張中領悟到最簡單的道理：世上存在苦難；因此人只要是無知的，就會繼續受苦。這也讓

我感覺受到了斥責，因為我覺得我會感到痛苦，是自己的關係；我的思想是我在這個世界上感到不安的根源。但是，佛教的預知與診斷、對治癒可能性的樂觀態度，以及對於在生活中身體力行的指引，也帶給我深刻而強大的力量：只要我知道自己是誰或自己是什麼，就能建構與創造自己的命運。

小時候，我天真地以為這個世界上沒有苦難，在父母的溫柔教養與培育、以及他們對宇宙秩序的明顯掌控下，產生了一種不真實的安全感。最糟的是，我對那些守護者的消失、以及他們並非永遠存在與堅不可摧的明顯證據感到失望。人性的失敗——如同我的失敗——是一種在神經上無法面對存在的構成特徵的失敗；它頑固地拒絕接受存在的嚴苛要求，這是它陷入痛苦的原因。在佛教中，我找到了一種訓誡，嘗試不要從幼稚的角度去理解世界，擺脫渴望的幻覺與自戀的妄想。佛教有一些更為深奧的主張——一如蘇格蘭哲學家大衛・休謨（David Hume）在其現代哲學巨作《人性論》（*A Treatise of Human Nature*）中所重新發現的——那就是自我並不存在，我們透過內省，只會發現一堆感知與感覺，這與我的實際體驗並未產生

焦慮的意義　104

共鳴，儘管我在迷幻實驗中明白了它的真理，就像美國作家麥可‧波倫（Michael Pollan）在飲用死藤水的儀式上那樣，我發現自我融入了周遭世界。[23]（這也是我在現代物理學中得到的啟蒙；我本是星塵，一旦這種存在於世界上的模式完結與灰飛煙滅，我就會回到那種形式。）這種純粹的自我虛無使佛陀的信眾感到困惑，他們反覆詢問「我死後會發生什麼事？」對此，佛陀認為這是一個畸形的問題；它根本不符合這種情況，被歸到了錯誤的類別。以不存在的自我而言，生存、滅絕或不幸的問題並未浮現。[24]

即使我們從未完全達到這種無我觀的信念狀態，但透過冥想練習迫使自己將注意力集中在四聖諦的訓誡，或許至少能夠與一種觀念保持諷刺——甚至可能有趣——的距離，不再認為自我會始終如一、可以在這個日新月異的世界上永遠擁有瞬息萬變的事物。也許這就是為什麼或坐或臥的佛陀臉上總是掛著淡淡的微笑。祂知道當下「發生了什麼事」與「正值什麼時機」；祂能以一種歡愉的超然眼光看待世事的造化與眾生的妄念，同時又對受苦難之人懷有憐憫之情。

105　第三章　存在的焦慮

佛陀認為焦慮與苦難源自於性情、傾向與習慣；救贖之道在於終生透過緩慢、堅定、勤奮與不懈的努力來重新訓練自我；只要持續投入，就能得到回報與解脫。我們尋求的從來不是一個終點，一個能奇蹟地擺脫焦慮的無憂境界。唯有改變自己，才能得到解脫；我們不該期待自己會到達任何地方，到達一個安息之處。人生充滿焦慮；在這段旅程中，我們必須與它為伴。

第四章
感到焦慮的自由

人類最大的「福氣」是意志與選擇的自由，而這樣的自由伴隨著一個重擔，那就是焦慮。

- 將焦慮視為真正活著的存在主義
- 確定性之死
- 信仰、精神救贖與《焦慮的概念》
- 《存在的勇氣》
- 無家可歸的焦慮情緒

將焦慮視為真正活著的存在主義

我們的存在是一個哲學大哉問:我們不知道該往哪兒走,也沒有地圖可參考尋路。[1]如果我們曾經接受宗教、上帝與啟示的指引迷津,肯定會從科學、哲學、理智與觀念的革新中得知,那些地圖只是由像我們這樣困惑、迷失方向與焦慮的人類所繪製,而不是出自無所不知的超自然權威之手。存在主義哲學家歡迎、肯定並頌揚因此產生的未知、迷惘與隨之而來的焦慮,這種無可避免的痛苦驅使我們探究自我與世界。[2]存在主義者不尋求焦慮的治癒或消除;他們試著與它共處,甚至樂於將它視為一種標誌,象徵自己在過真正的生活,在實際面對生存的無情要求。存在主義的表述中可見原始焦慮的恐怖——正如存在主義的語彙將「焦慮」解讀為「畏懼」、「憂慮」、「悲痛」、「不祥預感」與「悽慘」那樣——及其帶來的解放面向、自我探索的機會、真實的生活,以及在道德與形上學層面對自身的行為與承諾應負起的深刻責任。

對存在主義者而言，焦慮是哲學與心理學之間的橋梁。因此，至關重要的是，存在主義迫使人們關注伴隨人類決策與推理而來的情緒與感受。會思辨哲理的人是人類；我們會推理、感受與表達情感；這些感受確保了我們預示不祥的那些哲學思辨，將它們變成了懺悔、自傳與自我清算。因此，我們的情感與理性密不可分，我們以經驗為依據的世俗肉體、短暫且變化不定的情緒，與冷靜、抽象的理性一樣重要；如果思考與感受的自我分離了，我們就會感到孤獨與漂泊不定。因此，存在主義者認為心理學研究與哲學的思辨探究沒有區別，並且將焦慮這樣一種情緒視為哲學問題；他們的著作具體呈現了哲學家、神學家、作家與詩人對人類處境長久以來抱持與思索的直覺，並為其賦予了新的文學與哲學形式；他們在哲學分析中引入了心理上深刻的世故與坦率，這是十九與二十世紀西方傳統哲學的標誌。3

在存在主義者看來，所謂的終極關懷，是一群共生共存的概念，4 包含了自由、死亡、虛無、責任、真實。思考其中一個概念，不免會連結到其他的概念，而每一段連結都建立在我們那個概念的終點與持續發展所懷抱的焦慮：形上學的選擇

109　第四章　感到焦慮的自由

自由使我們免不了擔憂道德或經驗有可能失誤,擔憂必須對自身行為負責,擔憂對真實存在的追求;死亡的永遠存在,提醒著我們可能性會有停止的一天,提醒著我們死後那不可知的虛無,標誌著世俗的抱負與希望所面臨的不可逾越的障礙。儘管存在主義著作的風格、論述與關注各不相同,但他們一致認為,「人」——無論代表什麼或誰——是被創造、決定、發明與建構的,而不是被挖掘或發現的,或者具有預先決定的本質與人生規畫。在創造與誕生前的原始狀態下,我們等著被定義、鑑別與分類;沒有預先存在的本質等待被實現。這麼一種暫時性存在的持續狀態——不斷追求改善,永遠不會有完成的一天,永不休止,永遠都是「陌生土地上的陌生人」,並且意識到死亡是日益逼近的必然,以及未實現的可能性與最終的虛無始終存在——就是焦慮。

存在主義者敏銳意識到人類處境的一個基本事實:我們——再怎麼聰明、博學多聞與有權有勢——也**無法確知**未來會發生什麼事。存在主義者認為這種充分的未知證明了世界與自我尚未形成,證明了人們「享有」選擇與行動的**自由**。自由是我

焦慮的意義　110

們發現自己所處的狀態以及面臨的困惑，而得到的獎賞、勳章與恩賜。自由是一種珍貴的道德與政治福祉，同時也是一種價值存在之善，保證個人能從角色與本質明確定義的未來中得到解脫。我們魯莽輕率地渴望這種自由，認為過著預先決定的生活有如行屍走肉。但是，想獲得這種自由，就得面對會引發焦慮的未知。

因此，存在主義者將焦慮視為人對本身自由存在的理解不可或缺的一部分，這樣的自由不具有預先決定與既定的本質，我們必須負起自我創造的責任；自由意味著焦慮，因為我們必須做出會影響生活與命運的選擇；一個可以自由行動與選擇的存在所面臨的未知、以及隨之而來的焦慮，形成了人類存在與意識的一部分。儘管如此，自由讓人感覺不像是一種福澤或解脫，反而像是惶恐、畏懼與憂慮。我們大部分的生活都被焦慮地避免或否認這種自由的重擔壓得喘不過氣；難怪我們試圖尋求社交、知識甚至藥物的慰藉，以此減少自由，好讓自己不用承擔那麼多受到詛咒的祝福；我們用盡各種方法去逃避可以決定自己應該、以及能夠如何過生活的自由。5

對許多受過教育的哲學門外漢而言，菸斗與咖啡總不離手的法國哲學家沙特是首屈一指的存在主義大師。原因非常充分：他提出了用以表述存在主義思想的簡潔公式，並透過哲學專著（包括出了名晦澀難懂的《存在與虛無》〔*Being and Nothingness*〕一書）及小說與戲劇，精湛而確切地闡述存在主義的核心論點。人們通常認為沙特提出的人類自由、意識、存在的荒謬性及虛無，在理論上承襲了前輩哲學家齊克果與海德格的主張，但有更多讀者是從沙特的著作學到這些概念，而不是存在主義的源頭，因為他的公式（或口號）「存在先於本質」（existence precedes essence）形成了存在主義的一個核心見解：人不是生而為一個預先決定的形上學本質，不是完美又抽象的柏拉圖理型的一個不完美的體現；而是我先存在，然後創

（沙特的著作之所以如此受歡迎，部分原因是他透過文學形式來闡述自己的主張；他的小說《嘔吐》〔*Nausea*〕與劇作《密室》〔*No Exit*〕是特定時代的文化標誌，這兩部作品最令人難忘的詞句很容易在生活中派上用場。）沙特有時被普遍認為

焦慮的意義　112

造自我。我的生活是我試圖透過自己的決定與選擇來建構自我的紀錄；我在前進的過程中探索我是誰並塑造自我。歷史的終結是啟示的時刻，讓我發現自己的行為與選擇把生活與自我變成了什麼樣子；事實上，人類就是在這個時刻發現「人」的本質為何。這樣的展開並不是對預先存在之腳本的探索，而是見證人在時間中透過自己的創造逐漸成為什麼樣子。

沙特的存在主義是一種人文主義的無神論，因為決定這個世界的，不是神聖的實體，而是人、以及人的意識。最初，人是「虛無」，而不是價值一經刻印就永遠不變的硬幣，人經由本身的行動與選擇不僅塑造了自我，也成就了所有人性。我們踏入的世界是由其他跟我們一樣的人類所創造；我們離開這個世界時，腳下所踏的石頭會疊加到既有的石堆上，讓所有人都可看見；這些堆疊會進而讓世界做好準備，迎接像我們這樣的下一代意識到來。沒有先驗、外在的權威──如上帝或抽象、非個人的宇宙秩序──來調節、決定與評判這個世界；人是一切事物的尺度，世上沒有永恆的真理──道德或精神上──獨立於人的創造。這使得我們承擔了龐

大的責任,因為正如我們所知,人類的集體整體性是個人行動與選擇的總和;我的每一個行動與選擇都為這座堡壘的城牆堆加了一塊磚,作為之後每次做選擇與採取行動的模範。[7]沙特認為,這種無可避免的自由是我們用來創造自我與人類的「譴責」。[8]這是強加給我們的一種**存在責任**,遠比我們生物學要求的基因物種繁殖要沉重得多,畢竟後者是一種純粹的生理衝動,可以不假思索地完成。我們發現自己被「拋擲」進了一個特定的地點與時間,這不是我們所選擇的,但我們必須採取行動與選擇,以使它專屬於我們。我們每天醒來發現自己在這個世界上;我們在世界中的位置,以及世界的意義,都將由我們決定;我們**必須**這麼做。[9]

由於自由的特點是焦慮,因此擁有它並不是一種全然的喜悅;我們透過巧妙而令人信服的行動來逃避,以滿足他人既定的期望與規範標準。在這種「正常」狀態下,我是世界希望我成為的那個自我;我想像這是我的自由,因為我對世界所兜售、受社會所支配的版本照單全收。這給了我一個穩定的自我、一個可識別的身分,一個在構成的舒適圈裡的避難所;這給了我一套演出的劇本,讓我可以從中抄

焦慮的意義　114

襲，來完成我在這個世界上的日常表演。但是，這種對遵從的接受，是一種「自欺」、非本真的舉動，因為如果我們嘗試尋求安全、庇護與受約束的情況，得到的不會是自由，而是束縛與限制。這些社會性安排減輕了某人的焦慮，迫使我們進入預先存在的行動與思想容器，沉浸於專屬的痛苦與焦慮，因為我們發現自己在一個不是我們所創造或選擇的世界裡，成了「局外人」與「陌生人」。

對存在主義者而言，關注焦慮並承認這不是一種病態，就等於將它視為一個訊息，接受它所告知的生活可能性、將由我們決定的未知且未定的未來、我們最珍視的擁有與最可怕的負擔。如果生活有明確的軌跡與行動可供我們遵循、命運與時運已預先注定，那麼我們幾乎不會感到焦慮；在人生的舞台上，我們可以看著偌大提詞機上提示的台詞，無所畏懼地演出，而無須擔心招來報應與惡果。然而，就如同汽車保險桿貼紙所寫的陳腔濫調：「這是人生，不是一場考試。如果這是一場考試，會有人告訴你該去哪裡與該做什麼。」而焦慮讓我們知道，這話再真實不過了。

齊克果與田立克等所謂的基督教存在主義者選擇將信仰（傳統宗教的一種變

115　第四章　感到焦慮的自由

體）作為對存在焦慮的回應。信奉存在主義的基督徒與解決焦慮的世俗方法的共通之處，是不要想太多，勇敢大膽地對堅定不移的承諾、工作、信條，對人、對更偉大的存在，對上帝，對國家或社會的任務，做出選擇。若採取這兩種方法之一來解決焦慮，我們需要決定接受一個事實，那就是雖然一切都將成為謎團，但如果將一個謎當作已經解開，便能有所進展。接下來我該怎麼做？我應該採取什麼行動？會發生什麼事？我不知道；我們無法確定。但是，我們可以採取行動（即使未必會成功），並將原本抽象的東西具體化。這種一頭栽進不確定的事物，透過選擇來使其成為確定的事物，是我們的命運，也是我們前進的唯一道路。如果我們拒絕這麼做，就是拒絕過生活。我們承諾得愈多，就等於將未解決的與鄙視的自我拋在更遠的腦後，因為承諾、做出選擇的舉動，是為了養成自我的某些方面。伴隨著這種決定與選擇為基礎的承諾而來的，是我們願意承擔自身決心所導致的後果，相信如果時機到了，我們就能找到前進的道路。

諷刺的是，就一個在馬克思主義著墨甚多的作家而言，沙特以其存在主義被人

焦慮的意義　　116

認為不過是個資產階級或自由主義者，指他油嘴滑舌地堅稱人不分社會經濟階層、性別或種族，都擁有選擇。人類史、其偶然性及在我們之前的種種行為與選擇，以特定方式建構世界，以致只有一些選擇對某些人來說是可見或可行的，那又如何呢？它將選擇與可能性的特權授予了一群少數處於優勢的人，而讓其餘的人焦慮地思考有限的選擇，那又怎樣呢？沙特從哲學角度對人類自由的理解，在當時看來是一種過度天真的樂觀主義，其認為在歷史與世界的政治經濟安排下，人類具有豐富的可能性——沙特接受了這項指教，多次修改自己原本的主張，即我們的選擇就跟前人一樣，為後人創造了世界。然而，關於人們的決定與選擇，以及個人應該負起過生活與重塑或拯救自我的核心責任，他在著作提出了重要的見解。

我們審視存在主義者對於焦慮的思想時，可以發現相當多的共通點與歧異。儘管如上所述有人質疑——這種看法有待商榷——存在主義思想過分頌揚孤立個體的選擇與自由、將社會性生物視為原子，我們可以發現，社會結構、體制與安排在創造與維持獨特形式的焦慮上所扮演的角色，得到了深刻而敏銳的承認。其中最犀利

117　第四章　感到焦慮的自由

確定性之死

人類對赤裸、不可否認的存在事實抱持的無限恐懼，曾經為組織良好的宗教、其教義、儀式與必要的信念所緩解；它提供了一個全面的行為與道德準則，規範人類生活的各個方面，而這一切都得到了神的認可。但是，當這種有神論的慰藉不再可得（拜科學的無禮與現代哲學令人不安的臆測所賜），那麼上帝、宗教及其指定的代理人、牧師與神聖啟示的解譯者所接受的道德與形上學指引又會是如何呢？這個問題在尼采的著作中所引起的論述最為尖銳與知名；他反覆警告歐洲與歐洲文化，即將到來的「風暴」是極度焦慮的爆發，是一種抑鬱的虛無主義，一種對無神世界壓抑且神經質的抵制，一種投奔「新偶像」懷抱的迫切渴望，譬如民族國家、

焦慮的意義　118

股票市場及各種需要理智與道德默許的意識形態。焦慮隱伏在尼采的文字中，無所不在：其中最主要的是宗教與非宗教人士面對「上帝之死」的焦慮，因為「上帝」不僅作為神聖的創造者與道德保證人，也是道德、知識論與精神領域中絕對確定性的象徵，在人類的世俗世界裡找不到其他替代品。

尼采認為，焦慮起源於我們試圖成為另一個人，而不是接受自己原本的樣子，變成了永久追求成為的無我（這個理論觀點古怪又諷刺地使他的論述與上帝主張形成了一致）[10]；起源於我們試圖不去接受這個世界缺乏古老宗教傳統與上帝信仰所提供的精神慰藉。這種自我接納的失敗、無法以樂觀的悲觀態度看待世界的無能，正是焦慮的根源，使我們變成了膽怯畏縮的懦夫，被自己既無法改變、也不能接受的東西打敗了，即使我們構建了一種專屬於個人的人生觀，使這個世界的要求變得易於處理。尼采要我們珍愛自己的命運，呼籲所有願意傾聽的人接受自己的身分、各種社會地位及焦慮，將它們視為自我的一部分；如果我們可以習取古典希臘悲劇的教訓——他認為其展現了人在面對這個世界的嚴厲要求時激勵人心的抵抗

119　第四章　感到焦慮的自由

——我們就能毫不畏懼地承認這個世界的可怕,並在其中找到方法,去應對存在的不可克服的挑戰。如此一來,我們就能找到克服自我的方法,完成最艱巨的任務。

最重要的是,尼采認為人之所以會感到焦慮,是因為受到一種有害的假象所奴役,這是一種對世界及其事務的自利建構與安排,由其他人依據自身的精神,道德與情感需求所安設與建立,以成為「權力意志」的贏家。尼采跟佛陀一樣,相信人受制於一種可怕的幻覺,而這種幻覺使我們不必要地感到不幸。若想細究尼采的意思,請注意,我們踏入的這個世界具有一段行動與選擇的歷史,而這些行動與選擇由其他跟我們一樣的人類所修改與建構——透過歷史定位的激烈權力鬥爭與爭論,有時關於政治層面,有時則是文化或心理層面——以符合他們的需求、滿足他們的願望,及維持他們的社會地位。我們所擔心、焦慮與內疚的,正是無法滿足他們的約束、他們的價值觀、他們的規範。作為一個可怕的後果,人類在歷史上建構的價值觀、道德與規範約束的社會體系,創造且延續了一種劇烈的焦慮(經由一種極度折磨人心、引人內疚的「壞良心」〔bad conscience〕),擔心自己無法達

焦慮的意義　120

到想像中規範生活的理想。一種懷疑論的批判傳統——可回溯柏拉圖的《理想國》（*Republic*），現代的擁護者包括馬克思與米歇爾・傅柯（Michel Foucault）——長期以來認為，這些價值觀與理想如經採用，將可確保最上層階級的權力得以維持。道德觀本身[12]——一種特定受規範的行為準則，具有「罪」與「錯」、「善」與「惡」的概念——經揭露是一種符合權貴利益的意識形態。其向我們灌輸的良心、促使我們對自我毫不留情的道德批判與審視，引發了我們的內疚與焦慮。

在尼采看來，權力是一個面向多元的概念；[13]但是，有能力轉移並將他人的利益納入自身利益，是權力的一種明顯可見的表現（將自我納入自我的能力亦是如此）。如果「弱者」有辦法讓「強者」順從——不論出於什麼原因——那麼它就是實際上「具有權力」的「弱者」。這是一個教訓，每一個受到脅迫的雇員、每一個必須聽命於上級的部屬，每一個受制於抽象且經由多重面向實現權力的人與公民所痛苦習取的教訓。（這也是父母經常從頑強執拗的孩子身上學到的教訓。）對你頤指氣使的人或許貌不驚人，但如果他掌握了法律、財政或國家權力，就能讓你屈膝

求饒。文化的控制者、道德品味的仲裁者也是如此,因為他們可以控制你與你兒女的思想,並且使我們在不這樣做的時候滋生一種強烈的愧疚、道德淪喪與焦慮感。

這麼一來,我們不但會像佛陀主張的那樣飽受折磨(因為我們只是面對死亡與限制的凡人),還會將自身的苦難道德化——一種毀滅性的自我鞭笞行為——認為這個世界上社會建構的不幸,若不是厄運與復仇之神的詛咒(我們再怎麼祈禱也避不了),就是我們未能做出選擇與獲得祝福的結果。焦慮是一種深刻的錯覺,我們過著邊緣化、失敗且依循他人意願的生活,卻渾然不覺;它源自於我們未能主張自己的意志,未能使這個世界屈服於我們的需求。這不是尼采想像中所有人都有能力承擔的一項任務;許多人屬於「羊群」中溫順柔弱的那一群,很少有人是那些獨立、反抗、自力更生的「高尚靈魂」,可以擺脫群體所受的要求與命令。[14]

如果說傳統道德觀在尼采的筆下是一種有害、會引發焦慮的意識形態,那麼我們的社會與經濟安排,以及它們所創造、而我們無法稱職扮演的理想角色也是如此。其中潛伏了許多在道德、精神與個人層面無法達到自我實現的失敗,而我們卻

焦慮的意義　122

沒有意識到,這些唯有在特定的宗教、文化或道德觀點下——跟我們一樣「過度具有人性」的其他人的傑作——才是天大的失敗。因此尼采認為,人的精神疾病,人的焦慮,**是我們未能從別人的「生活解方」中找到一套可行的方式**。但是,如果沒有傳統的道德觀、沒有了它們在形上學與知識論上的確定性,致使傳統的規範價值觀遭到破壞與侵蝕,我們便會背負一種可怕的責任:我們必須建立衡量善與惡的新尺度,即新的「價值觀量表」:[15]這全靠我們自己,沒有任何宇宙的指引。我們面臨的不確定性浩瀚無垠,因而焦慮橫生,因為這下子我們要到哪裡去找規範的指引?然而,如果我們想進入一個嶄新、令人恐懼卻又充滿希望的理智幻滅世界,就必須忍受這種恐懼。

那麼,「上帝之死」使我們暴露在存在主義的荒謬與焦慮中;如果上帝再也無法絕對確保道德秩序,保證善行能得到獎賞、惡行會遭受懲罰,世上的苦難又該從何尋求改善與慰藉?我們面臨一種可怕的可能性:不但缺乏對善與惡的基本定義,也失去了仁慈的超自然力量庇護,在命運的變化無常面前毫無防備與力量。沒有應

123　第四章　感到焦慮的自由

許之地在等著我們；善與惡沒有最後的清算，做好事不會得到獎賞，犯了罪也不會受到懲罰。沒有了上天對我們的審判，我們就失去了指引或糾正，陷入迷失與惶恐不安的存有狀態，在我們表面上平靜地面對世界時如影隨形。（這與保羅‧田立克提出的「無意義的焦慮」形成共鳴，此概念奠基於人們對「失去……一個為所有意義賦予意義的」的恐懼。[16] 上帝曾經是那個意義，祂以獎賞、安慰、責備與讚美擔保了我們的存在——如果上帝死了，那麼「為所有意義賦予意義」也就不存在了。[17]）

對尼采而言，焦慮是軟弱、悲觀與不健康地拒絕接受世界原本模樣的一種標誌；我們之中的勇者會挺身而出，接受生活的挑戰，接受這樣一種可能性：這個世界唯有作為一種「美學現象」才具有意義，[18] 唯有當我們將它變成是自己的，這場充滿喧囂與騷動的奇觀才具有意義；但乖巧順從的「羊群」不會願意這麼做。尼采擔憂，心懷不滿且危險的虛無主義，可能是不再信仰上帝或形上學確定性所導致的後果，因為前方就是精神與道德的萬丈深淵。在一個毫無意義且荒謬的宇宙中，我

們為什麼要以任何方式來行事或表達自我？我們的文化與道德的「最高價值觀」建立在關於世界本質的公理主張之上；如果這些主張被人假設是錯誤的，會發生什麼事？如果最高價值觀經揭露具有致命的弱點，那麼遵守它們又有什麼意義呢？如果這些不具有任何意義或禁得起考驗的重要性，或者無法融入任何廣大的宇宙，又何必採取任何行動來建構自我或我們的人生呢？隨之而來的無意義、空虛與自我消亡，導致了可怕的焦慮；我們知道自己握有這麼做的力量；是我們自己不採取行動。尼采準確預測了在二十世紀，極權主義會到來，人們會過度崇拜民族主義，[19]以及盲目順從新的人類或意識形態的先知；這些藥物減輕了這個去聖化世界所造成的苦痛，讓人們勉強活得下去：代價是人生陷入絕境，無法兌現其形上學與存在主義的承諾；代價是，這個世界變得比以往更糟，令人難以忍受。

尼采以他對新時代的歡迎、對未來挑戰的欣然接受來激勵人心，告誡我們應該自視為藝術家，致力於創造獨一無二的生活與自我；[20]這無損於他有時相互矛盾的主張，即他的影響力強大與幽默睿智的散文可以壓過任何迂腐的技術性異議。閱讀

125　第四章　感到焦慮的自由

尼采的著作可以緩解焦慮，因為我們面對的思想屬於一個備受折磨的肉體（如他的許多傳記所示）[21]，但他從不讓自己在理智或道德上受制於這個世界的要求。（現代學者與受困於「令人筋疲力竭的工作」的企業員工只能羨慕尼采那樣絕對的自我確信與信心，他離開了安穩的大學教職，開始遊歷歐洲各地，獨自在字裡行間摸索以解開令他絞盡腦汁的哲學問題。）尼采意識到，這些道德與社會需求引發了深刻的憂慮；它們以詛咒與毀滅來威脅我們人生的每一步。此外，它們也帶來了安全感，那是期望與約束構成的鷹架，一旦移除，我們就會焦慮不安。這種搖搖欲墜的狀態的另一面，是期待看到鷹架下方的世界，期待墜落的本身，期待從全新的有利位置看到新奇的美景。

尼采的學說針對引發焦慮、令人恐懼的必死性提出了獨特的觀點，因為他認為必死性是我們的朋友。[22] 傳統基督教教義所承諾的永生向來有代價，遭到譴責或得到救贖者若做出正確的選擇、過正確的生活，便可望有來世，這是一個巨大而可怕的可能結果，因為『不得超生的靈魂』的救贖，取決於其在短暫的一生中所獲

焦慮的意義　126

取的知識……『知識』具有可畏的重要性」。[23]但是，如果我們輕蔑這種永生的信仰，只想活在當下呢？必死性似乎為我們帶來了沉重的負擔：對無法挽回的生活、不完整與低成就的生活、在有生之年未能實現至善（拉丁文作 summum bonum）的生活感到焦慮。然而，有限性與限制也是我們的朋友；隨著時間的流逝，當我們承認對於自己可憐、短暫、脆弱與轉瞬即逝的生命已無能為力，或許會得到同情。在永久等待前世與來世的過程中，我們有辦法在如此短暫的休止間完成任何有關存在或理智的大事嗎？尼采認為，儘管人們痛恨死亡及其對人生計畫的干擾，我們刻苦努力達成可憐的人生計畫時，不必存感激，因為我們被宇宙之鐘拯救了。我們刻苦努力達成可憐的人生計畫時，不必再忍受他人不耐煩與輕蔑的眼光；受到死亡召喚時，我們必須罷手；事實上，既然我們知道宇宙之鐘隨時可能響起，為何不立刻停下腳步呢？在我們面臨必死性、上天又缺席的情況下，我們會感到特別安逸舒心，因為沒有人會負責評判我們的人生。我們的未竟之事不會受到評價或批評；它們會像我們一樣，遁入極樂世界，就此煙消雲散。

127　第四章　感到焦慮的自由

尼采提到人的必死性與上帝之死必能帶來解脫，所言甚是：稍縱即逝的人生不會受到上天的評判，在如此短得可憐的期間內，人們無法獲取「對的」或「正確」的知識。這種在短暫的人生中為靈魂的永恆不朽做好準備的「令人畏懼的重要性」，遭到了仁慈的否定，減輕了我們一部分的焦慮。為這個世界與我們的生命賦予不朽的可怕重要性，本身就是一種負擔；靈魂的不朽、崇高的永恆與作為試驗場的生命微不足道的短暫之間，存在著看似極為懸殊的不平衡；經由死亡進入虛空是一種巨大的解脫，一種擺脫這般存在負擔的解放。

因此，尼采巧妙地暗示，如果我們在一生中沒有得到適當的指引，永生可能會成為最惡毒的詛咒，死亡則成為至高無上的祝福。凡人的生命回歸謙卑──不再是擺脫黑暗的珍貴片刻，不再是經過精心設計、讓我們有機會走向不朽的短暫喘息。相反地，它一如以往：在一些不可見的宇宙輪廓中，它是一個毫無意義的中斷，不具任何意義，等著我們獨一無二的人生賦予它意義。如今，對自己終將一死的意識，使我們負責任地接受自己的存在及其許多的不完美，將它們看作是一種祝福，

焦慮的意義　128

因為當我們面對永生的可能性時，就會停止想像假設生命有限的話，自己如何能活得有意義。我們意識到，受限的事實本身是我們理解自我的基礎——任務必須完成、計畫必須執行；成功與失敗成為與工作有關的標誌；這些對一個不朽的生命而言是無關緊要的。我們可以、也應該接受、而非畏懼不可避免的死亡，才能充分理解自我，並與自我共處。

對尼采而言，焦慮若不是我們對世界的規範壓力所加諸之負擔的反應（因其引發了罪惡感與道德淪喪感），就是我們對於缺乏這種規範壓力的反應，因為沒有它們，我們會迷失方向；在這兩種情況下，焦慮是我們的結果狀態。這種荒謬顯示，不需要這些價值觀、也不會因它們的存在或缺乏而感到沉重的人，才能得到解脫，因為他們創造自己的價值觀、滿足自己的需求、過自己的生活。這種狀態不會遭遇一般人所煩惱的焦慮，但也因如此，這是一種貴族狀態，只有少數「高尚的靈魂」——那些可以成為「超人」（overman，德文作 Übermenschen）、從羊群中脫穎而出的人——才得以享有，並且朝向更高的存有狀態進化。這種人不算是人類；他們之

雖然尼采並未特別提到焦慮（或「憂慮」），但他的學說與卡爾・馬克思與赫伯特・馬庫色等人從唯物主義角度對焦慮的理解形成了連結，帶給我們強而有力的批判工具，用以破壞與削弱那些在政治、社會與經濟環境中製造焦慮的人為持續性結構。因此，尼采是一位著作可以造福大眾的哲學家，即便他在寫作時並未考慮到多數人。他提供了辯論術，讓我們可以對確立已久的意識形態與政治體系進行潛在的解放性與激進的批評，但他不是一位民主主義者，而是一個冥頑不靈的貴族，固守人類典型的等級制度，嘲諷社會民主主義與照顧弱者和弱勢群體的概念。

然而，尼采想像的美好生活令人嚮往，而我們不妨像尼采期望以其著作來召喚的「高尚靈魂」那樣過生活，因為如果我們這麼做，就能擺脫對家庭、社會與文化的否定的神經恐懼，擺脫失去他們的愛與接納、無法獲得他們空洞認可的焦慮；我們不會因為沒有對既定權威必恭必敬而感到愧疚；我們將能完全接納自我，包括所有的弱點、長處與性格缺陷，將這些視為自己獨特的標誌，從而擺脫有害的嫉妒與

焦慮的意義　130

自卑感；我們蔑視對人或理想的狡詐操縱、逢迎諂媚或卑躬屈膝；我們會意識到，雖然世界缺乏意義，但我們可以用自己獨一無二的方式來建構世界與生活；我們會肯定生命，因而願意反覆不斷地將生命視為「永恆輪迴」（eternal recurrence，或譯永劫回歸）的一種形式，直到永遠；25 我們要全心全意地接受人生，對自己犯下的所有過錯、罪惡與錯誤感到驕傲，就像我們對自己的成就與獎章感到自豪那樣，因為我們知道它們密不可分；我們不會感到羞恥、羨慕、嫉妒、愧疚、憎恨或渴望報復，因為這些都代表著「低級的靈魂」。

尼采提出的真知灼見，認為病態的情感──嫉妒、憤怒、憎恨、抑鬱、惡意報復的欲望──由道德、精神與社會失敗的敏銳意識，以及這些失敗導致的內疚與焦慮所支撐。拒絕那些迫使我們面臨這種失敗的秩序與安排，就等於維護自己在這個世界上的立場，等於擺脫那些支配生命的意識形態，展開克服與建構自我及自我新價值觀的艱巨任務。

尼采孤獨而瘋狂地離開了人世，他的作品遭到誤解與排擠而乏人問津，他的人

生是他試圖向讀者灌輸的理想最堅定不移的典範。請你盡可能閱讀他的文字，從他的論述中汲取你所需要的東西。他會很高興能擁有這個時代的學生與讀者，證明他在瞬息萬變的世界裡繼續存在，幫助你勇敢面對專屬於自己的焦慮。最令他感到欣慰的，應該莫過於他的論點使身為讀者的你屈服於他的「權力意志」了。

信仰、精神救贖與《焦慮的概念》

來自丹麥的憂慮守護神齊克果是數個世代心理學家與諮商心理師的知識前輩、精神分析的奠基者（即使佛洛伊德本人不承認，其繼承者也這麼認為），也是存在主義學者——包括田立克、海德格與沙特——的先驅，[26]他認為人類最大的「福氣」是意志與選擇的自由，而這樣的自由伴隨著一個重擔，那就是焦慮。[27]齊克果主張，人們應該樂於背負這個重擔；這是我們的十字架，只要我們在擔憂生命未獲實現的同時，願意背著它、沿著自己選擇的道路前進，就能夠找到自我。我們靜靜

焦慮的意義　132

反省自我與高度關注自身選擇的可能性時，與焦慮的對抗帶來了挖掘創新自我的機會：我們有能力做什麼？可以選擇做什麼？我們是否有力量承擔自身行為有意或無意造成的後果？在齊克果看來，忽視這些想法所導致的不安、繼續過生活與建構自我，是自我的基礎，是人生的終極目標。唯有在這些權衡與對抗之中，我們才能找到一種獨特的方式，去擺脫從眾與令人安逸且經過一致同意的不真實。

從齊克果的傳記可知，他在痛苦的一生中嘗試過這種苛刻的自我創造；他所做的選擇，無論是人際關係、或是對傳統愚蠢與虔誠的批評，都在極大程度上決定了他能夠過出什麼樣的生活。[28] 閱讀他的傳記，我們可以確信他的觀點是根據自身經驗而來，他親身經歷了他所寫的一切，知道自己在說什麼；他經歷了可怕的認知失調，並對自身決定所致的不可挽回的後果進行了痛苦的清算。因此，他提出的高度個人化的哲學學說引起我們心靈與思想的共鳴；他的作品晦澀難懂，但我們仍設法穿越茂密的叢林，相信終會找到舉世罕見、光彩輝煌又清晰明白的洞見，像頂尖的藝術與文學創作那樣照亮人類的困境。他揭露了自己長期遭遇的折磨，鼓勵我們勇

133　第四章　感到焦慮的自由

敢面對自己的難題；閱讀齊克果的書讓我們確信，哲學絕非一種學術或智識運動；相反地，它是它應該要有的樣子，它關乎心靈與理智，在它使人們有辦法過的生活中自證自明。

齊克果使用「焦慮」（丹麥文原文為「angest」）一詞指稱人類的一種感受，以及產生這種感受的人類結構；[29] 焦慮成了人類存在的一個構成面向。當我們感到焦慮時，我們所經驗的是一種基本的人類感覺，這往往被一層又一層的文化適應、訓練、教育與意識形態規畫給掩蓋；作為人類最基本的情感，比呼吸、觸覺、味覺與視覺更深刻地讓我們體會自己是人類的這種感受，就是焦慮。但焦慮也指向宇宙中一種強烈的孤立感，表明上帝的仁慈之手可能漏掉了人們，因此我們「被上帝所遺忘，與這個龐大家庭中的億萬人一樣遭到忽視」。[30]

有人認為齊克果看待焦慮的方式帶有「神學」、「宗教」或「精神」性質。這是因為，齊克果發現人類面臨的「罪惡的可能性」中存在著焦慮，希望能幫助人們了解原始人（亞當）的心理狀態，因為他在知識不完整的情況下受到誘惑而做出選

焦慮的意義　134

擇、採取行動，進而可能犯罪。齊克果在《焦慮的概念》(Concept of Anxiety)這本論述艱澀、經常令人困惑的著作中指出，焦慮是我對罪惡的預期，是我即將超越當前狀態的界限，並且去行動、經驗或感受的一種感覺；這是「個體在墮落之前的精神狀態」。31 當然，「墮落」是聖經記載的災難，它使人脫離天真的無知狀態、產生邪惡的認知，從幸福、受到指引的保護狀態踏上了滿是焦慮、無人指引的探索道路，面對一個充滿各種可能性的世界，因而犯了罪。焦慮是一種「精神狀態」，是「墮落可能性的條件」，因為「亞當……既被禁果吸引、又對其反感」。32 焦慮並不是他犯下原罪的原因；相反地，焦慮使他得到了「能夠」(being able)的經驗。33 撇去神學的虛飾，這句話意指，我們在採取行動前總是焦慮不安，因為我們考量可以採取的行動及自己的能力與渴望，同時又害怕這種行動的未知後果（以及對我們的社會存在意義重大的是，擔心這種行動是否會受到——世俗或非世俗的力量或期待——認可或譴責的恐懼⋯由此可見焦慮與愧疚之間的尖銳關係——如稍後將述，

135　第四章　感到焦慮的自由

佛洛伊德的焦慮理論有提到這一點）。一個典型例子是我們站在懸崖邊時感受的眩暈；我們之所以害怕，不是因為可能會掉下去，而是因為我們知道，只要我們願意，就可以一躍而下、結束自己的生命。這一刻，我們恐懼自我與自己的能力。

齊克果認為焦慮是一種「模稜兩可的關聯」[34]，是「對未來可能性的虛無的一種吸引與排斥」[35]；這是「渴望與不安」之間的張力[36]，是「對恐懼的渴望」[37]。從神學的角度來看，人因罪惡而不安，也受罪惡所誘惑；我們想要、並且渴望禁果與其所承諾的一切，但我們畏懼嘗了禁果所導致的後果。從世俗的角度來看，我們既渴望又恐懼生活，因為生活是一個充滿未知經驗的領域，既有獎賞、也有詛咒。我們受好奇心與求知、探索及體驗的欲望驅使而前進，但我們感到恐懼；未實現的未來與可能、和實際的現在及其捨與得之間的這種緊張關係，正是人類的焦慮。

齊克果提出了一套犀利的表述，闡釋焦慮的基本面向。其論述也揭示，如果焦慮缺乏一個確定的客體，如果焦慮關乎「虛無」，則虛無就是未來。[38] 首先，如果我們問「什麼是焦慮？」並回答「這是隔天的事」[39]，顯示焦慮是我們對未來不可

焦慮的意義　136

避免的未知所做的反應。身為人類，由於我們缺乏神聖的全知、也無法知道未來會怎樣。然而，儘管缺乏知識，我們必須繼續前行，進入行動與可怕後果的領域；我們必須研究無形的未來，而這提醒了我們，我們無法準確建構與定義未來的輪廓。我們意識到，倘若沒有神性、非人性的全知，就無法從焦慮中解脫。更引人注目的是，齊克果還主張，「焦慮實際上不過就是缺乏耐性」。[40]我們迫不及待，卻害怕知道等在前方的是什麼。我們想要過生活，卻害怕體驗；**我們渴望人生，卻害怕活著**。這正是齊克果發現存在於焦慮中的緊張；這種緊張可見於從可能到現實、從現在到未來、從模糊的渴望到具體投入的行動的過程。（這些表述也使齊克果的觀點更接近佛教的主張，因為苦是一種感受，感覺當下被未來有可能面臨失去、犯下社會與道德的罪過的預期所玷汙了。事實上齊克果堅信，即使在「最隱匿的幸福深處，也存在著絕望的畏懼」，[41]這是焦慮與苦的另一個共同點。）

對齊克果而言，人是物質與精神的神奇混合體，巧妙結合了肉體與靈魂、身體與心靈、「未來與過去、可能性與必然性、有限與無限」。[42]我們在考量世俗經驗的

第四章　感到焦慮的自由

複雜性與自己對它們產生的矛盾回應時，隱約意識到的這些對立面，「因靈魂而合而為一」[43]，也就是我們對犯罪可能性的意識，這使我們暫時性、尚在建構且尚未完成的自我，與未來不明的可能性之間必然存在焦慮的關係。如果我們是純粹以肉體與經驗為依據的生物，就有可能受到經驗現實與物理定律所約束與限制；但作為肉體與靈魂的混合體，我們因為精神的存在而有了自由，痛苦且惶恐地意識到自己不是被決定的生物，而得以超脫於物質的世俗領域。然而，我們不只是可以自由行動的生物而已；**我們是意識到自己可以自由行動的生物**；我們原本可以是有選擇自由、但沒有意識到這一點的生物。一個純粹以肉體、經驗與物質為依據的存在，一個受自然法則支配的存在，不會擁有這種精神的自我意識，而這提醒了我們，有能力犯罪，有能力在善與惡之間抉擇，有能力為自己招來善與惡。我們的自由就是可能性本身，是人的精神、非物質、非以經驗為依據的面向，尚未實現且尚待完成。焦慮是自由成為現實的方式，它讓我們知道，生命中的可能性有可能成真：我們是受可能性的意識所誘惑、對其著迷不已，且最終採取行動的生物，而意識到可

焦慮的意義　138

能性的狀態,充滿了焦慮。

齊克果認為──如同他對精神層面的關注──焦慮是我們從無知走向知識的過程中會經歷之事;它預示了等待我們的任務,是生活中對內在自我的暗示,是對我們可能成為的樣子的召喚。這就像登山好手面對結了冰的陡峭峽谷時會有的一種預期性恐懼,但他／她知道此時已無路可退,等在前方的是嚴厲、將帶來助益且不可或缺的自我檢視,因此她繼續向前;同樣地,我們也必須邁出第一步,持續前進。焦慮成為我們從期待走向實現的必經之路;那些轉身離開、中途而廢的人則是停滯不前,精神受困。

我們在自我創造的道路前進、⁴⁴設法實現一些可能性時,精神、道德與智識有所成長,但也會產生對既有規範與程序(可能是家庭、社會或宗教方面)的蔑視與抵抗;我們的自我獨一無二,必須透過自己選擇的獨特方式去實現。可靠的路徑安全無虞;永恆的創造之路卻不然。在我們成長的軌跡上,社會與家庭的衝突與危機使我們面臨精神與社會孤立的威脅;自我是我們面對焦慮與愧疚──對抗所處環境

的立場固有的感受——而獲得的。齊克果認為，願意成為自我，是人在這個世界上真正的天命，是人與生俱來的任務，因為他跟尼采一樣，想像人類是藝術家，透過行動來成就一件藝術作品——即我們不斷進化的自我。[45]這也意味著，在他看來，這個世界對我們達到在社會上受人尊敬的收入或地位的要求，轉移了我們的注意力，危害自我創造的存在任務。至少，如果你發現自己符合這樣的社會規範，並且被視為世俗的成功人士，便應該深切質疑自己實際達到的成就。相反地，如果未能達到這樣的標準，至少不會陷入不可救藥的絕望，而會去摸索真正激勵與感動我們的事物。

人們的選擇對往後的生活具有破壞性；等在前方的是未知的實體，即嶄新的自我與生活。自我創造意味著沒有預先決定的自我待實現；相反地，它只會逐漸成形，如同拍立得照片最終顯示的影像可能會讓我們感到驚懼，形成中的自我亦然。我們會試圖成為他人的樣子來逃避這個責任，那也許是想像出來的理想模樣，抑或是可見於他人行為的傳統模樣。這些途徑使我們陷入「絕望」，在這種狀態下，我

焦慮的意義　140

齊克果認為，人類獨特意識的關鍵不僅在於知覺與感官意識，即我們備受稱道的現象意識，更在於對意志與選擇的內在世界的敏銳意識，也就是精神的存在。我們愈深刻意識到可能性，自我成就的程度就愈高；我們愈意識到自我是行動與選擇的中心，就愈能夠實現自我。[47] 在內心深處，劇烈的精神衝突源自於我們無法面對焦慮——即自由的標誌——與無法繼續前進；我們需要讓焦慮在自我的存有之間流動，這樣我們的成長才不會受到阻礙。與權威之間受到延遲或壓抑的衝突，或是老年生活的規畫、人際關係的危機、決定的推遲，在這些情況下，我們都會面臨責任的承擔、孤立的時刻與死亡的想法：我們需要在此時此刻耐心的解開這些存有的結，而不是逃避到尚待實現的未來。如後續章節將述，由這些關於未解決的精神衝突的建議可知，齊克果的觀點與精神分析的主張一致，兩者皆認為壓抑的心理狀態需要「解決」，否則將以神經質症狀與精神分析的主張呈現。焦慮表明了，一個充滿問題的內在衝突

們有意無意地拒絕做自己。這是靈魂病入膏肓的一種狀態，是一種「致死的疾病」（sickness unto death）。[46]

需要透過一個決定、一個選擇、一個行動來解決。

我們尋求獨立與自由、同時渴望我們試圖擺脫的安全感之際，也會產生焦慮。我們有許多的叛逆行為——在家庭的安全感之外測試水溫的實驗——停留在裝腔作勢的程度，因為我們一察覺苗頭不對就趕緊回到安全地帶；父母不管是憂心如焚或樂在其中都會注意到，孩子逃離了對家庭的順從，投入了同儕團體的懷抱，穿著打扮與行為舉止就像群體中的其他成員那樣。因此，焦慮產生了極大的分歧，因為我們既渴望又恐懼自由；它是「對畏懼的渴望」。[48] 我們永遠都在經歷這種不一致，因為我們既希望實現、又希望否定自己的可能性——在這兩種情況下，都有不確定的結果在等著我們。「人生的重大決定」，例如搬家、換工作、離婚、經營個人關係、轉換大學主修科系，這些都必然會引發焦慮。對齊克果而言，神經質個體與健康個體之間的區別在於對焦慮的反應：健康的個體會不顧內在的衝突與焦慮繼續前進、實現自由；不健康的個體則會退回更安全的圈地，一如以往地犧牲自己的自由。

焦慮的意義　142

焦慮的存在顯示了一種鼓舞人心、卻又令人恐懼的可能性，個體可望迎來獨一無二的生活，但前提是必須摧毀舊有的存有模式。因此，內疚無可避免地伴隨焦慮而來；研究人的焦慮感是否與內疚感有著緊密交織的關聯，是一種在治療上具啟發性的操作；如果這兩者密不可分，那麼我們可以自問：「我們因為做了什麼或沒做什麼感到內疚？關於這次的失敗，我們認為自己應該對誰或對什麼事物負責？」答案也許既發人深省，又令人豁然開朗。（請注意，這裡闡述的論點與佛洛伊德的分析有關：我們會感到焦慮，是因為擔心別人會發現我們犯了社會或道德方面的罪惡，或者做了邪惡之事；因此，我們壓抑自己的欲望與感受；如果我向所愛的人表達憤怒會帶來危險——如果我們覺得這是「錯誤的」，那麼我們因心生憤怒而有的感受就會導致焦慮。我們的情緒、欲望與需求令自己焦慮，因為我們無情地將它們道德化，思考它們是否適當或正確；就前述尼采所指的那樣，這種徹底的道德自我檢視可能會產生一種充滿罪惡感與焦慮的「壞良心」。）懂得創造生活的人不會逃避焦慮與內疚，而會試圖在其中遨遊穿梭。[50]這裡的「穿梭其中」可比作游泳：我們

游泳時不會逆流前進；我們不會試圖游向岸邊；我們會順著水流前進，忍受那種令人恐懼的亂流感、失控感，那種腳踩不到堅實地面、必須繼續踢動才能向前的感覺。如果不這麼做就無法前進；水流的拉扯著實嚇人，但如果我們拚命抵抗、或者完全不採取行動，就會溺水。

我們可能會因為沉溺於對焦慮的神經質反應而放棄寶貴的自由、放棄可能性與精神的暗示，阻斷通往成熟與自我實現的道路，而致命地限制了不可或缺的發展。[51] 在這個「懦弱的時代」，焦慮或許可以被避免。在這個時代「注意力的轉移」下，昔日的「火炬、叫喊與鐃鈸」[52] 已被電視、社群媒體及永無止盡的更新與通知所取代。因此，齊克果明確評價了「遵循道德規範的個人」[53]，他們否認使用任何緩解手段（無論在精神、理智或藥物方面），因為如果讓自己陷入帶來慰藉的幻覺，就等於過著不真實的生活，並且使自己受到奴役。[54] 這種對焦慮的逃避，意味著我們失去了以獨特方式達到身心合一的寶貴機會：不是動物，不是上帝，無生命的物質。魔鬼與天使的存有都有明確的定義；他們不可能是其他事物——他

焦慮的意義　144

我們的行為是明確與已知的。但是，對自己與所愛的人而言，我們既可能是魔鬼，也可能是天使。

我們獨有的焦慮因自己對可能性面向的理解而生，而可能性比現實更可怕。現實世界是有限的；可能的世界不是。現實世界受到人類活動與物理定律的限制；可能的未來與來世——死後的世界——在其範圍內是無限的。在那裡，我們看到了美與惶恐，看到了威脅與希望，看到了天堂與地獄；在可能性的空間裡，一切都是可見的。我們愈是想像，變出的可能性空間就愈大；我們愈是別具想像地評估自己的選擇與行動，就愈感到焦慮。諷刺的是，我們愈是運用創意去塑造自己的生活與自我，焦慮感就益發強烈；富有創造力的人天賦異稟，能夠假想不同的現實狀態，而這些狀態中潛藏著駭人的可能性。

我們唯有穿越對可能性的焦慮，才有勇氣正視自己對現實的恐懼。若想踏上這段啟發之旅，我們必須接受人類的處境，即「人生沒什麼可要求的，恐怖、地獄與毀滅距離每個人都近在咫尺」；[55] 我們必須了解，「（我們）擔憂的每一種焦慮，都

可能在下一刻降臨（在我們身上）」。[56]「可能性」帶來的這種教育——「所有類型中最困難的」使我們能夠理解什麼叫「令人又愛又怕」。[57] 接受人類的處境，就是明白除了邏輯與概念想像之外，生活的可能性無邊無際。世上有魔鬼、有天使，實際上還有龍呢！沒有任何界限可以限制恐怖的想像，沒有任何一堵牆可以阻擋它；快樂的持續沒有特定的間隔，就跟我們多變的幻想稍縱即逝。若想在這段旅程中真正受這些知識所啟發，你必須探索生命的深度，翱翔於其暗示的高空，並且超越那樣的高度。在這裡，焦慮有了形體，具體形成了恐懼；在這裡，在可能性的空間裡，我們環顧其邊緣時，看到了潛伏的深淵——這些深淵指明了我們想像力的極限，而超乎我們想像的恐怖猛獸棲息在那以外的世界。倘若從這個異想天開的空間退回真實，退回到我們稱之為「現實」的經驗生活，就會面臨一種適當的磨練，意識到自己從來不敢向這個世界要求任何慰藉；我們應該學著感謝生命中那些有益的可能性。這個真實、現實的世界儘管危險四伏，仍比我們在穿越各種可能性的空間時生動、自由且有力地勾勒的那個世界要容易對付得多。我們愈仔細正視可能性，

焦慮的意義　　146

對齊克果這樣的**基督教**存在主義者而言，堅定而真誠的信仰將我們從焦慮中解救出來；相反地，焦慮指引我們走向信仰，因為信仰「本身就是從焦慮的死亡時刻解脫」。59 齊克果想像，面對存在的荒謬性，信仰基督就是解方（不是傳統的教會信仰，而是獨特的神聖個體，唯一「真正的基督徒」），並認為承認焦慮的存在，就是尋求信仰的信號。這麼做的人會發現，「焦慮成為了……救星般的精神，引領他違背自身意志去他想去的地方」。60 這種焦慮不是惡魔，而是內心的精神力量，提醒我們莫忘自己獨特、充滿靈魂的人性。齊克果認為，最深刻的堅韌、最大的個人力量，對信仰、解脫與希望的最高承諾，是在個人邁向成熟的道路上成功對抗那些導致焦慮的經驗下發展出來的。實際上，正如《焦慮的概念》做出的結論，齊克果宣稱：「學會如何以正確的方式經歷焦慮，就等於領悟了終極。」61 如果我們真正理解焦慮在生活中的重要性，以及它與精神解脫的關係，就是從正確的角度來

就愈能夠在現實中找到安居之處，現實雖然令人膽顫心驚，也不過是眾多可能性的其中之一罷了。58

147　第四章　感到焦慮的自由

看待世界上基於經驗的擔憂；我們已經學到，相較於做自己這項關乎生存的重責大任，這個世界（致使我們內疚）的要求無關緊要。正如齊克果所主張，如果勇氣唯有在強烈的恐懼取代輕微的恐懼時才會出現，那麼當我們充分意識到不面對焦慮所產生的可怕代價時，就會設法去對抗焦慮。

齊克果也注意到，人類在歷史與文化上的定位導致其特殊的焦慮經驗，因為他認為在不同的社會結構中，焦慮的形式也各有不同；個人存在於「歷史聯繫」中，因此我們的焦慮程度取決於一個高度特定的環境，其特徵是「特殊的文化環境」[65]。有些社會並不注重自我建構；處於其中的成員並不知道自己感到焦慮，因為這「與未來沒有意識關聯」；還有一些人認為，「未來是命中注定的」。[66]天主教徒對信仰、靈魂與精神的存在抱持不同的觀念，他們感到焦慮的方式有別於印度教徒、猶太教徒或佛教徒，有著不同的宇宙論、形上學與規範情感；也與二十世紀的美國人或十九世紀的中國人不同，因為他們生活在各式各樣的經驗環境中。然而，儘管環境制約著個體，並且為客體的焦慮賦予更具體的形式（使焦慮的「無」變成

焦慮的意義　148

了「有」）以加深焦慮感，但環境從未完全決定個體。依此而言，齊克果承認生活的物質性，同時仍將自我建構的存在責任歸於個人。

因此，關鍵是我們應該要明白自己就是焦慮的根源，因為焦慮並非憑空而生；它發自內心，源源不絕；[67]無論我們轉向哪裡或看向哪裡，都會發現「焦慮無所不在」。[68]拖延症就是一個典型的例子：我們為了擺脫眼前的任務所引起的焦慮，轉而投往任務未完成的深刻焦慮，這種焦慮是由於我們逃避的任務沒有完成而引起的。但是，正如齊克果典型的明確主張所言，也就是我們唯有在面對更深刻的恐懼，才有勇氣去面對某種特定的恐懼，就像習慣拖延的作家總是等到編輯火冒三丈、讀者或本身的藝術鑑賞力盡失，自己感受到比文思枯竭、為賦新辭強說愁的焦慮更大的恐懼時，才開始提筆寫作。

齊克果認為我們關注焦慮時最重要的面向是，注意它、談論它、承認它，不將它視為一種病態，而將它看作充滿資訊的自我的一部分，如此它就會變成一種來自我們自己的**訊息**而受到歡迎，而不是需要被驅逐的感受。與焦慮共處，停下腳步並

149　第四章　感到焦慮的自由

回應其挑戰,就是接受一種與自我的世俗交流。因此,齊克果在訓誨中提出了一段尼采式的注解:我們必須展現**命運之愛**①;必須承認焦慮是自我的一部分,其經過整合與部署,以使生活成為我們期望的樣子。接著,齊克果力勸我們不要逃避經驗焦慮,因為如果我們生活在不希望經歷焦慮的環境下,又會是如何呢?據齊克果表示,如此一來,我們會經歷真正的絕望;我們會感到焦慮,但不會去仔細傾聽,也不會試圖理解──因此,我們不了解自己,也不了解自己可以成為什麼樣的人。我們本來有唯一一個機會可以做自己,卻蔑視這個機會。在齊克果看來,若我們將焦慮視為一種病狀,就會將自己視為病狀,將生活看作是問題,而不是機會;「將焦慮視為疾病」,是一種「平庸的愚蠢」。69

齊克果與尼采在預測精神分析時,發現內疚與焦慮之間存在一種概念關係;每當人們感到焦慮時,往往會感到內疚。我們是否在真實或想像的情況下違反了外界加諸我們身上的某種道德、宗教或社會秩序?我們是否擔心,如果自己做了或沒做某些行為,就會受到譴責或遭到群體的制裁?在我們的想像中,是誰、或是什麼有

這種立場來評判我們？他們的評判標準從何而來？幕後主使又是誰？我們腦中的那個聲音，那個譴責我們、讓我們感到退縮與畏懼的聲音，究竟是什麼？探究這些問題，跟探索形成中自我的信念與情感結構同樣重要。齊克果對焦慮之人致上最深的祝福是，他向我們保證，過生活這件世俗之事至關重要；折磨我們、同時也帶來意義的焦慮，不是陌生的事物，而是熟悉的自我。我們不該將全心全意看待日常生活——在做自己的過程中去面對與克服焦慮——這件事視為一種負擔，而應該把它當成一個值得把握的機會。

《存在的勇氣》

支持存在主義的哲學家與新教（路德教派）神學家保羅・田立克在其經典著

---

① 命運之愛（amor fati）：是一種將生活中不論痛苦與否的一切一概視為好的、或是必要的生命態度。

作《存在的勇氣》(The Courage to Be) 中主張，人們需要一種獨特的勇氣，去生存、持續過生活與單純「存在」。這本書的書名既不是《發動戰爭的勇氣》，也不是《登山的勇氣》；如果我們能肯定生活及其非凡的挑戰——焦慮，我們就是充滿勇氣的英雄。在我們展現蘇格拉底「民主式」的勇氣時——他自由肯定了自己的死亡，也肯定了生命，我們仰賴的是一種敏銳、得來不易、關於存在本質的智慧：它充滿了對自身不存在的意識。我們不必為了面對死亡而打仗；我們每天都會面對死亡，並且決定繼續活著。這種存在的焦慮並非藥物所能治癒；只要我們意識到存在的本質，就會感到焦慮。田立克對這種焦慮的描述具有暗示性；這些敘述有助於我們理解，為什麼某些焦慮讓人有某種感覺，為什麼它們永遠存在、不可撼動，陪伴我們度過清醒的每分每秒，讓我們總是心懷再尋常不過的牽掛。因此，田立克成功捕捉到焦慮的**情緒**；這不是具體、有形的恐懼，而是在我的存有意識到自身的本質時，貫穿存有的一股寒意。若想減輕焦慮，我們得不省人事或告別人世才做得到。

就田立克對焦慮的理解而言，它指向了一個領域，該領域雖然不屬於這個世界，但永遠存在其中，那就是必然的死亡與最終不可知的虛無。焦慮是一種對來生的「非存在」（nonbeing）的奇特意識，[71]是一種永遠隱蔽的存在，一個不可動搖的陰影，是我們情緒與情感的基礎。這種存在的焦慮構成了人類的意識；人類可以被定義為這樣一種存有，其意識特徵是始終覺察自己終將滅絕，以及其存有受限於一種極為深刻的虛空，以致理智的概念在人類認識到這一點時崩潰瓦解。我們的生命是一個被不存在所包圍的存在時刻，在此之前與之後處處是如此；經由與「非存在」[72]的威脅及其「赤裸的焦慮」[73]的持續對抗，我們知道這一點。這種黑暗入侵了每一個清晰的畫面，這種黑暗籠罩著每一片銀色的雲朵，掩蓋了飽膩、滿足或快樂的不安：這就是焦慮。勇氣是我們在這種對永久非存在的譴責面前繼續存在的肯定，是我們面對死亡所承諾的不存在仍堅守的肯定。我們繼續生活著，在虛無與死亡的伴隨之下繼續有所行動與選擇，展現平凡的勇氣，而這種勇氣跟其所需要的作為一樣重要。

根據田立克對焦慮的理解，生活中各種意外事件與災難並不會直接引起焦慮，反倒是它們挑起對死亡與非存有的「潛存意識」[74]會引發焦慮；這是一種世俗的具體恐懼，一種例常出現的危機，譬如忘了繳帳單、財務面臨危機、伴侶回電晚了、小考不及格、好友怒目以對等等，這些恐懼都會進入我們的意識，加深我們死亡與虛無的相關可能性的無形焦慮，不論這種可能性多麼微乎其微。即使沒有明顯的危險，存有的事實、存在的事實、有意識與清醒的事實都提醒著我們，這不是注定會永久持續的。焦慮暗示我們生命是有限的，就跟我們的力量與能力一樣；儘管我們內在擁有繁多，周遭全是無限的自然之美與人造財富，但我們是有限的生物。我們深刻意識到，生命是宇宙池塘裡的漣漪，我們走向無垠的虛無時，無限的宇宙將持續存在與延續。焦慮提醒著我們存有的狀態十分奇妙，在兩個無形的無限之間搖擺不定；雖然我們是有限的，但我們參與了存有對無限的大舉入侵。

我們對自己可能會不存在的意識是非常獨特的，因為這種意識不僅是對「死亡」的意識（這個詞彙被賦予大量的文化意義與影響），也是對「虛無」的意識。

因此，我們關於非存有的知識並非抽象的記憶表述；相反地，虛無是一種持續存在的同伴，是一個關鍵因素，決定了常伴我們左右的不安，不論經歷黑暗與光明、快樂與悲傷或世俗命運的無常軌跡。我們的焦慮之所以難以控制，是因為它沒有可識別的客體，實際上也無法被識別；焦慮是一種對不可知的未知的恐懼。這種對於非存有的「赤裸的焦慮」[75]恐怖地令人難以承受；這是一種令人作嘔的可怕經驗，讓勇者變成了胡言亂語的傻瓜。由於焦慮缺乏焦點，其中心抹去了存有、抹去了所有的存在，因此我們無法與之接觸或對抗；我們的虛無「不可能成為恐懼與勇氣的客體」[76]。這種焦慮「屬於存在本身」[77]；注意力的分散、轉移及藥物治療都是徒勞；我們必須想辦法與這種焦慮共處。

若想理解田立克所表述的焦慮情緒，可以將其視為一種意識狀態，在這種狀態下，我們會感覺有人闖入、入侵並潛踞於我們的精神領域，迫使我們承認它的存在。這個「虛無的指印」不能被賦予臉孔或形式；它不能向下凝視，因為無物可看；它不能被攫取，因為其無有形之物可供抓握。這種沒有形式與形體的焦慮所致

155　第四章　感到焦慮的自由

的長期煎熬，折磨著在活著的時候經歷死亡、經歷一種滿是自我終結與否定之存在的存有；焦慮讓人聯想到虛無縹緲、令人生畏的來世。存有之中的虛無是光的陰影，提醒著我們光的燦爛與明亮終將消散。踏入那片陰影，就會感受到令人不安的寒意，就像登山者經歷太陽從雲層後面穿過，落到山谷邊下，讓璀璨的高山峽谷與草原漸漸覆上薄暮的霞光。

因此，不存在是焦慮的**根源**（拉丁文作 fons et origo）；最世俗日常事實都帶有這種注定虛無的暗示。如果我們自願或非自願地缺席社會情境，會想起自己曾在這個世界上缺席，未來也將如此（社群媒體上分享的每一張不包含我們在內的照片，都會將我們的意識推往這個方向）；我們的愛人讓我們想起自己曾有一段時間不存在於他們的生活，在他們的心中無足輕重（試想你看著愛人在你們相遇之前所拍的照片時，心裡感到多麼鬱悶）；我們的孩子會意識到他們曾有一段時間不存在於父母的生活（而他們最終會意識到父母不會永遠存在）；父母也會意識到，自己無法長久存在於孩子、朋友與家人往後的生活。因此，我們經由焦慮想起了自身的短

焦慮的意義　156

暫，想起自己在世上脆弱、偶然與不穩定的存在。除非我們長生不死，才能擺脫這種焦慮，但現實並非如此。

對田立克而言，焦慮有三種形式，分別為虛無威脅我們有意義的存在、我們的靈性與我們的存有：對「命運與死亡」的焦慮；「空洞與失去意義」的焦慮；以及「內疚與譴責」的焦慮。[78]這些「無可逃避」的焦慮形式，[79]必會伴隨在任何關注自體表現在每個階段揮之不去的棘手難題：未來我會發生什麼事？我什麼時候會死？我救贖的人身旁，適當地處理自我的感覺，自己的生命不過是存在的部分標誌，具我將如何死去？我死的時候會發生什麼事？我會痛苦很久嗎？我所愛的人看到我受苦，也會感到痛苦嗎？我留下的一切與我的家人、朋友、愛人及成就會如何呢？如果我以錯誤的方式度過並浪費人生，會怎麼樣？如果我過得不夠充實，沒有充分利用時間，會怎麼樣？為什麼儘管我達到了固有文化與意識形態的要求，仍然無法感到滿足？我完成了人生「指派」的任務後，接著將面臨什麼？我實現了別人對我的期望，會得到什麼回報？是我做了錯誤的決定，如今注定永遠受苦嗎？我是個好人

嗎？既然不可能完成所有的工作，它們也不可能永遠存在，那我為什麼要為工作奉獻人生呢？這些問題隨著我們的生活一天天過去依然未解；沒有建立在有神論之上，沒有承諾會有來生的答案，無法帶給我們慰藉，因為我們會感覺到其他人向我們保證時掩蓋了內心的焦慮；他們跟我們一樣充滿了不確定性與惶恐，他們的自信只是自我保護的虛張聲勢而已。上述的每一個存在問題都成為了與焦慮的對抗，個個都需要在沒有明確答案的情況下對持續存在的肯定，這重打擊了我們的非存有、我們的消亡。[80]

這種非存有的暗示不僅僅是一種負擔。我們也可以將焦慮理解成一種維持生命的力量，因為非存有「迫使（存有）隨著環境變化不斷證明自己」[81]；它驅使我們不斷探求、追尋、研究、澄清、驗證、確認與降低自身的不確定性，不斷保證自己所選擇的道路；我們最愛的娛樂與消遣及生活中的大小事創造了物質世界及其關注的事物，這一切都讓我們得以從焦慮中解脫。天上的眾神看到我們如此費心費力地對抗焦慮、創造各式各樣的事物來分散精神與身體的注意力，肯定會感到印象深刻。

田立克對焦慮的分析讓我們深刻意識到，死亡與死後的狀態是多麼令人困惑與惶恐不安。上帝與宗教教義告訴我們，靈魂之所以能不朽，是因為我們恐懼死亡，於是我們一邊嘲諷宗教、一邊灌酒吞藥，轉了一個又一個電視頻道，不停查看貼文得到了多少個「讚」與多少次「轉發」，每天工作十六個小時，直到筋疲力盡、麻木不仁。田立克否認這種絕望的舉動是為了逃避存在的焦慮，因為人類作為生物，敏銳意識到生命的終結也是自我的終結。[82] 因此，死亡來臨時，我們堅稱會接受它，但同時我們的所作所為與神經兮兮的全神貫注也表明了，我們現在不接受死亡，當它來臨的時候也不會接受它。

我們早在兒時就發現了死亡；我們感覺到——無論多麼模糊——所有事物與存有的命運，這是一種直覺的知識，得到後來的生活所證實。瀕死與死亡屬於這個世界；我們在電視上看到死亡；經歷朋友與家人的離世；目睹癌症病患的痛苦、心臟

病發作時的抽搐、高速公路旁陌生人血肉模糊的屍體;我們畏懼遭受同樣的命運。雖然死亡是必然的,但死亡的方式卻非如此。這是一個巨大、會引發焦慮的不確定性。對死亡的方式、性質與時間的知識,也會引起焦慮,因為我們不知道自己會在垂死時做何反應。我知道我會遭受痛苦;我畏懼的是,我對痛苦不明確的性質會做何反應。我們的恐懼針對死亡的細節,焦慮則根植於我們對死亡的回應的不確定性;我們在面對死亡時感到焦慮,因為我們對將死之人的痛苦與老朽懷抱預期的恐懼。我們害怕感到害怕,恐懼感到恐懼。

死亡——此生的終點——引人恐懼;我們焦慮自己的肉體付之一炬或埋入地底會發生什麼事。我們意識到,虛無比死亡更能威脅我們;我們最害怕的是醒來之後無法入睡,只好在一片死寂中思考神祕的死後世界的那些夜晚。我們只能隱約感覺到死後的世界;我們奮力想像那些無法想像的事物,去否定自己的日常存有——其特點是存在與持續。當我們感到焦慮時,我們會預期自己受到某些事物威脅的反應;我們對這些預期反應的恐懼,就是焦慮。[83] 但是,我們對不可思議、死後虛無

焦慮的意義　160

的恐懼，在本質上又是什麼呢？

永遠優柔寡斷的丹麥王子哈姆雷特也想知道，「我們擺脫了塵世的羈絆後／還會做些什麼夢／一想到就躊躇萬分」，以及「懼怕不可知的死後／懼怕那從來不曾有旅人歸來的神祕之國／它迷惑了我們的意志」。[84] 唯物主義者確信等在前方的是遺忘，是一片空白與虛空，就像我們做了一場美夢後，赤裸、無助且有意識地被拋棄到這個世界；他們確信，自己將步入無夢之境。其他人——在世界上偉大宗教的勸服下——推測永恆的折磨或快樂將會發生。還有一些人擔憂，無法想像的存有狀態正是死後的命運；他們最容易對來世感到焦慮。對所有人來說，死亡及相關的虛無都令人惶惶不安，因為這是一種錯誤的不朽。我們來自永恆的虛空，獲得短暫的喘息；我們畏懼在經歷這種存在的意識之後，會回到之前的無盡。我們不想要那種錯誤的不朽，例如遭受地獄之火的磨難，或者孤獨地活在黑暗中。焦慮提醒著我們，有一種不明、不可知的不朽，不管如何被平凡單調的日常生

活所巧妙隱藏在我們的意識中，都在未來等待著我們。

田立克認為，平日的焦慮追根究底其實是死亡焦慮，是死亡與虛無的無盡未知——這是一個具有啟發性與暗示性的看法，有助於人們理解為什麼自己會將世俗的失去看得如此嚴重。物質上或塵世間微不足道的失去，在象徵性的投射與理解下，會讓人聯想到自身的消亡。我們對虛無的潛在意識就是焦慮的這個概念，說明了為什麼無論我們的世俗狀態如何，焦慮始終存在。它準確反映了存在的殘酷事實：在最終的虛無面前，我們獲得的世俗權力顯得不幸，這是我們無時無刻都意識到的一種約束，無論我們如何辯稱自己對此一無所知。事實上，田立克的分析指出，**人們對虛無的恐懼是「所有恐懼的基礎」，是各種已知的焦慮最劇烈的狀態**。死亡焦慮也是如此；如果我們想探尋上層恐懼的源頭，深入其不為人知的根源，會發現潛伏在底下的是什麼樣的恐懼呢？一種針對自我的有益療法是問自己，為什麼會強烈感受到某些特殊的恐懼或擔憂；這背後還潛藏著哪些恐懼？在那些恐懼背後又藏了什麼？我們會從中發現對死亡與必死性的恐懼嗎？也許我們對工作不保的恐懼、對選

錯職業的恐懼，追根究底是因為我們害怕自己會沒錢支付醫療費用而痛苦地病死——從這個例子可知，有形的物質恐懼（與存在方面的考量看似是兩回事），如何根植於無形的死亡焦慮。

田立克敦促我們從哲學角度去接受死亡與最終的虛無，而這麼做需要認同存在主義的幾項公理，而每一項都會引發並延續一種強烈的焦慮：生命的有限；死亡的定局與不可挽回；生命終結的確定性；世界及其超越凡人的事物冷漠而不受干擾的持續存在；每個人各安其位的平凡；冷漠的宇宙對我們的人生計畫袖手旁觀；以及我們對這些限制的意識。若想在日常生活中做出肯定生命、充滿勇氣的行為，我們就必須將這些公理融入對自我的理解、正視死亡的可能性，並且更認真面對死亡，而不是設法逃避。當然，這是我們選擇繼續生活所會做的事；每天每分每秒，我們距離死亡又更近了一些。田立克的分析也提醒我們，處理焦慮的一個重要決定因素是，了解死亡又更近了一些；我們必須把這些自我的理解融入自我概念中；我們必須在心中自視為英雄，因為我們每天早上起床，望向初升的旭日，勇敢迎接又是充

163　第四章　感到焦慮的自由

滿不確定性、懷疑——當然還有——焦慮的一天。

死亡與虛無的永遠存在,以及它所帶來生活全由意外事件組成的提醒,是另一位存在主義哲學家的焦慮情緒的戲劇性基礎,這個人就是充滿爭議與引起兩極看法的馬丁‧海德格。

無家可歸的焦慮情緒

閱讀馬丁‧海德格撰寫的焦慮文章[86],可能會讓人感覺更加焦慮,這不僅是因為他的哲學散文艱澀深奧,也因為他描繪的人類存在鮮明而堅定。我第一次嘗試閱讀海德格的著作是在大約三十年前;我從其他評論海德格的作家身上學到的東西,經常比從海德格本人的作品學到的還多。[87]有一些學者鄙視他晦澀難懂的寫作風格,因而以他在今日看來毫無爭議的納粹主義為由(從他在德國最黑暗時刻之前與期間的許多聲明、著作與行動可知),拒絕閱讀他的著作。我可以體諒這些對其文

體風格與寫作內容的抗拒；然而，海德格在作品中提出了一些敏銳的洞見，對於理解特定類型的焦慮具有極大的參考價值。

在海德格看來，人類存在的事實——發生在時間中，不能分開來談——包含了死亡（**等待著**我們的確定性）、虛無（**死後**的不可知狀態）與「被拋擲性」（thrownness），這意味著我們存在於一個已建構與準備好的狀態，在發展自我意識的過程中發現自我；其代表了那些使生活具有意義、強硬而不可妥協的約束；堅定地接受它們（而不是否認），是通往本真存在的唯一途徑。使我們能夠理解並明白到存在的這三重因素是多麼意義重大的這種情緒，就是焦慮。

海德格證明其哲學主張的方式，是邀請人們從已知、平凡、正常的生活中抽離，轉而關注永遠的伙伴——我們的情緒與情感，從中尋求啟發與知性；而不是先進行邏輯思維或推理。情緒讓我們發現了真正重要的事情，以及存在的真實本質；這些情緒——憂鬱、煩躁、不安、恐懼、不滿——在部分程度上隱藏與揭示了存在的部分本質，卻具有深刻的意義。個人對這些經驗與感受的幻想，是深入了解自我

的黃金之路,而不是理性的理論——其形式與陳述使人遠離存在的赤裸,遠離存有的事實。透過**憂慮**的經驗,我們獲得了最清晰的自我意識;焦慮讓我們得以探索隨之而來的情緒或影響,進而理解存有的本質,以及我們與存在的關係。[88]海德格認為焦慮是不可或缺的情緒;沒有與它相遇,我們就沒有機會理解或接近「自我」,也沒有機會與自由及沒有假象的生活建立真正的關係。

海德格對人類情緒的依仗——而不是對脫離生活經驗具體細節的抽象普世理性(Universal Reason)——至關重要,因為他力勸我們應該多多留意自己如何去感受與理解自我在這個世界上的存有,而不是我們如何依照傳統思維的指示去感受。因此,海德敦促人們遠離社會建構的「常人」②概念——這個通稱的存在代表從眾性,讓我們在陌生的世界中隨時都有一處避風港。焦慮指的是意識到這處避風港是拼湊而來,宛如一座紙牌屋,其穩定與否,取決於同為這個世界過客的陌生人之間的合意與同理。這處避風港飽受一種令人難忘的脆弱性所苦(一旦我們經歷了因此產生的焦慮就難以忘懷);也存在著處境無法改變的可能性(在人生中常伴我們

焦慮的意義　166

左右)。

焦慮及其情緒引介了一種全新、非常規的思維模式；在其中，我們對世界不再感到熟悉，面對人為世界純粹的偶然性。[89] 這個不正常的世界比正常的世界更能帶來啟發⋯在這個世界裡，焦慮讓人注重自我、自我的根本存有、赤裸的存在，更甚於自己的潛力、本質及可能的發展。在日常生活中，我們處於一種不真實的模式，等待著來自外在的解脫與救贖；我們接受這個世界的樣子（由前人建構，因他們的自私自利、權力傳播的價值觀與規範而完備），因而放棄了推動它進步的存在責任。這種存在是膚淺的；我們存在於其表面，卻沒有深入認識其本質。在這裡，我們感到平靜與滿足；我們不感到好奇；我們不關心存在的本質、自己在其中的角色，也不關心自身的可能性；我們注意到外在世界與自身存有的內在感受是分離

② 審訂注：「常人」（Das Man）這個名詞並不是用來指人平凡、平庸，而是在談一個根本的問題。通常，人們有一種度過生命的方式，這種方式極為常見，以這種平凡普通的生活方式活著的人就叫作「常人」。細節請參看余德慧與石佳儀（二〇〇三），〈第一講 生死學將引領我們走向何方？〉，《生死學十四講》。

167　第四章　感到焦慮的自由

的，但卻不予理會。在此，我們忘卻自己的獨特性、特殊性與可能從出生、活著到死亡，都沒有意識到「這」到底是怎麼一回事。[90]但是，焦慮前來「拯救」我們時，存在就滲漏而出。它帶來的存在模式，不是讓我們只能被動受事物或客體的影響，而是可以透過選擇與行動來創造世界。我們透過一種特殊、獨特的情緒來面對存在，而這種情緒就是焦慮。

海德格用「無家可歸」（uncanny，「不在家的」）一詞來指涉人不再對世界感到熟悉時所處的狀態。當我們沉浸在日常生活，與存在的自我與處境疏離，若套用這個世界代代相傳的說法，我們處於「日常」或「墮落」的狀態；正如這種墮落的語言所暗示，這不是一種優雅的狀態，而是一種偽裝、掩飾與躲避。焦慮促使我們停止沉迷於這個經驗表象的世界。我們對這個世界並不熟悉，而這是我們在「存在於這個世界上」的自滿被一種憂慮的「無家感」取代時，所意識到的事實；我們在一個原本熟悉的地方變成了陌生人或局外人。這種不受世俗影響的焦慮情緒，將我們帶到了存在的巨大虛空面前，讓我們得以在一定程度上理解其兩大核心面向：死

焦慮的意義　168

亡與虛無——前者指明其最終與確定的結局，而後者則表明這個世界若沒有人類的選擇與行動，會毫無道理、意義與目的。

任何對既有平凡事物的破壞，都可能使人面臨焦慮所產生的意義危機。舉例來說，一個日常使用的工具——譬如一把鐵鎚——在人類經濟生活中有其被指定的功能與定位，運作良好；世界上的這些物體是「現成的」，而我們被「拋擲」到這個世界的情境中。在這裡，既有的平凡事物充滿了歷史與社會安排的建構意義；我們與它們之間具有明確的關係，我們必須採取的行動與選擇也是明確的。我必須走到書桌前，坐下，拿起工具（它們的用途依它們在經驗環境下的合適性而定），然後開始工作。但是，我們感到焦慮時，會意識到維持這種工具的既有系統，察覺其目的與定位是偶然發生而非固有。此刻，這些物體就只是被擺在桌上；它們已經失去了被加諸的意義，也不再能與我們溝通了。我們眼中的它們失去了我們賦予的層層意義，我們存在的世界也變得無足輕重。我們發現自己面對著猶如石板一般全然空白——全然的虛無——的世界，人類的意義被抹得一乾二淨，等著我們去雕琢

169　第四章　感到焦慮的自由

鏤刻。

　　常態的崩潰使我們重新審視世界；我們不再感到熟悉，失去了慰藉與安全感，漂泊無依；我們感覺不再熟悉時，經歷了一種無家可歸的經驗。（這種經驗類似所謂的精神崩潰，有時會需要接受急診照護與服用精神科藥物。）此刻，當這個充滿加工品與預定意義的人造世界瓦解，我們便經歷了真正的存在孤立與畏懼。這時，當我們從平凡、已安頓、確立及正常的生活退一步，便會注意到「這一切」是多麼奇怪、偶然。現在，當我們注意到傳統的世界已然崩潰或失去了常態，我們隱蔽並埋藏在層層的從眾與心理防禦機制下的焦慮，會呈現一種極端、恐怖的迷失狀態；未定義與無明顯特徵的世界不再有意義。在沙特著名的晦澀難懂的小說《嘔吐》，主角羅岡丹看到一棵樹的根部時，察覺到這個純粹、赤裸、令人作嘔的世界展現出了「無家可歸」的一面。公園裡的一棵樹及其根部讓羅岡丹深深意識到，他所居住的已知世界在某個時刻已失去意義，而他只能在這個原始、基本的存有中掙扎，不具有與其他同類一致同意下所賦予的意義。

焦慮的意義　　170

在這種狀態下，我產生了一連串揣測這個已構建世界的偶然性的可怕想法：我是誰？我的名字呢？這是父母為我取的；要不是如此，我可以有很多其他名字。我的國籍呢？這是我父母的生活變遷所造成的偶然事件。我的國家呢？這是僅僅幾個世紀前才發生的一個歷史事件。我的宗教信仰呢？我可以有另一種信仰，從小被教導信仰其他神明。我用來表達內心深處想法的語言呢？這是我在文化位置③與家族史之下被安排使用當地方言的結果；我原本可以使用另一種語言來思考、寫作與說話。我最好的朋友呢？他們是全然的陌生人，在一連串的偶然情況下認識了我。我的孩子呢？他們也是陌生人。他們被我帶到這個世界上，在我的眼前茁壯長大，他們認為我是一個永恆的謎，而他們本身也將永遠是個謎。我的父母呢？他們是歷史的偶然，假裝自己什麼都知道的愚人，我注定對他們的生活與動機不得而知，對

③ 文化位置（cultural location）：強調當地環境、歷史和互動如何影響個人和社群對文化的塑造、認知和體驗方式。

171　第四章　感到焦慮的自由

他們的出身與身分困惑不解。那些我視為人生導師的偉大牧師、聖人、哲學家與作家呢?他們具有「人性,太過人性了」[4],跟我一樣面臨同樣的偶然性與脆弱。那麼,那些偉大的思想體系——宗教、哲學或政治意識形態——承諾會帶給我們的偉大確定性,又是什麼呢?那是一個看似穩固的結構,實際上是一座紙牌屋,由其他備受折磨與意志薄弱的人所拼湊與擔保。我們所珍視與以為固定不變的一切都是偶然,是巧合與僥倖的結果;世界的穩定性是其他人類精心設計而成,而他們跟我一樣無知而焦慮。這個世界與存在有如蓋在沙丘上的房子,搖搖欲墜。我們是血肉之軀,我們的意識與生命都是歷史的偶然。那麼,我們是什麼?我們究竟是誰?我真正的名字是什麼?世上的一切是怎麼回事?如果這個表象、這種常態消失了,我又是什麼?我又是誰?

突然之間,我覺得又冷又怕,我希望有人能安慰我、告訴我一切都會沒事;我逃回安全的避風港,逃回定界,逃回已知、穩固、安全、不變的已建構世界的懷抱;我們希望回歸正常,因為我們不希望發現全新的世界。我受到了這個世界的一

焦慮的意義　172

種制約，相信這裡是安全的避風港。無論何時，我總能找到回去的路，承擔社會假定與指派的角色及責任，去尋找現成的生活。在這個世界上，我有名字、有國籍、有宗教信仰、有行為準則；有人告訴我該去哪裡、該做什麼；我的方法與目標系統都有清楚的標示；我可以選擇接受預先決定的角色，接受這些角色的安全感、定義與確定性，並接受它們的訓練、不斷要求的規範與行為約束，然後感到壓迫與焦慮。我們很難抗拒讓自己成為這個已建構世界的一部分，我們睜開眼睛，發現自己被「拋擲」進一個情況，各種行為、責任與選擇都擺在我們面前。

然而，那個充滿好奇與驚懼的一瞥，一種對未定義、未經整治之事物的惶恐與噁心的凝視，令人揮之不去；新發現的陌生之地創造了我們周遭的殘餘（residues），在此同時，陌生與無家感提醒我們，這個世界可能會引發焦慮。因此，焦慮是一種深刻的自我意識，因為「我」是未經整治與赤裸的，自我意識無錨

④ 出自尼采的書名《人性，太過人性》(Human, All Too Human)。

可繫。我們進入這個世界時，發現人類利用層層理論、知識、理解與社會建構來掩蓋我們的存有，使我們變得可理解；在無家可歸的時刻，我們注意到自己在這樣的人造表象下一絲不掛。我們之所以感到焦慮，是因為我們不知道自己是誰，實際上也害怕發現自己是誰，因為這無關探索，而是一種無指導的創造與痛苦的建構。（對田立克而言，偶然的存在也使我們感到焦慮，即我們在此時此地以這種方式與視角存在的偶然事實，這一切本來有可能以其他方式發生，之後也仍有可能如此。我們從來都不是必要或必需的；我們被安放在此是出於偶然與意外，未來也將在適當的時候遭到驅逐。）

我們對偶然性的揣度不僅適用於自己的身分，還可延伸至世界上的所有事物。

我們所謂的「鐵鎚」是什麼東西？它具有名字與功能，但只在建構的意義網絡中才具有意義與身分；這是「握柄」，這是「鎚頭」，對我們而言都是相似的名字與身分；這是鐵鎚釘在人造桌子上的「釘子」。人造的物體是偶然；那物質與事情本身呢？現代物理學告訴我們，那些也僅僅是影子，是滲透所有空間的場域中的漣漪，

焦慮的意義　174

而它們的身分取決於我們的量度；如果我們對形上學認識夠深，會發現就連存在的基本要素——我們量度與分析的基本單位——都是由我們所命名與識別的；如「化學元素」等「自然類」⑤是由人類創造的科學理論及其概念架構所安放；我們所認識的世界其實是人造的。如美國實用主義哲學家威廉‧詹姆斯所述：「人類的蛇行因而在萬物都留下了蹤跡。」[91] 這些蹤跡包含了我們自己的足跡⋯焦慮讓我們知道，我們有機會留下獨特的足跡。

經歷由這種存在的焦慮所引起的陌生化⑥時，我們深深動搖了；我們經歷了深刻的改觀，重新看待世界，認為它如天堂般美妙，也如地獄般可怖。在治療精神異常與引起幻覺的藥物（如大麻或LSD）所致的恐怖幻覺下，迷惘、驚慌、偏執或宇宙恐怖的感受，往往起因於那些藥物對這種陌生、無家可歸狀態的誘發；這種

---

⑤ 自然類（natural kinds）：是一個科學哲學術語，意指對應於反映自然世界結構的分類，而非與人類興趣及行為相對應的分類。

⑥ 陌生化（defamiliarization）：指的是將人們習以為常的事物以不尋常的方式展示，使人從新觀點看世界。

175　第四章　感到焦慮的自由

狀態是由自我消解（self-dissolution）、以及失去了自我與所有已知和熟悉的事物所引起。正如許多陷入迷幻漩渦的精神病患所意識到的那樣，父母透過悉心關愛與照顧而完成最重要的任務，就是讓我們適應現實的陌生，踏上意義非凡的人生旅程。他們讓我們做好準備，走出家門迎接外在的陌生世界，迎接這個被強制採用一套精心設計卻讓人難以預料的人類意義系統的世界。這個世界關注的焦點——定義「正常」的善意消遣——使我們保持理智。但是，其他的安排，其他的意義網絡，是有可能發生的；那些認為世界的穩定與不變是維繫理智之關鍵的人們認知到這個世界不是唯一的可能時，面臨了令人恐懼的前景。

飽受焦慮所苦的時候，我發現自己身處於公認意義的傳統世界以外；我失去了已建構、受世俗角色束縛的自我，並在我決定成為什麼樣的自我之前，面對自身的虛無，也就是自我的欠缺。世界賦予我、讓我在社會占有一席之地的自我，是我面對世事的態度；當這個面具被摘下，隱藏在底下的是無形與畸形的面目，有待我的選擇來定義。我不能將自我貶成一個傳統的人，世界熱切地保證，這個神話般的**常**

焦慮的意義　176

人——具有社會角色與理想的人生目標——是我文明化的最高目標。我感到孤獨；我茫然無措，作為一個外人，我孤獨地認為這個建構的世界並不真實，而其他人類則像受到迷惑的僵屍，即將面臨痛苦的自我實現。

此刻我面對自己的局限，自己受限與有限的生命，一邊是死亡，另一邊是出生之前。一旦我死了，我就什麼都不是。這種領悟由我本身的焦慮經驗及隨之而來的無家可歸狀態所促成，可以致使我採取行動、做出選擇，或者畏縮不前。對這個世界、這一生許下承諾時（即使不可避免的死亡就在眼前），我也必須對生命中每一刻的選擇與行動完全負起責任，因為我的存在是取決於此。這種領悟有可能促使我重新看待世界，並且將自己的真實存有視為在世界中的存有⑦，承擔起成就這種存有的責任。我們不僅繼承了這個世界，也必須扮演應扮的角色；前方的道路由我們的

⑦ 在世界中的存有（being-in-the-world）：或作「在世存有」。海德格在《存在與時間》中將「此在」（Dasein，或譯「此有」）當作「在世存有」，在世界中的存有這項概念提供了對存在的全新詮釋，是此在的基本特徵。

177　第四章　感到焦慮的自由

在海德格看來，將死亡視為一種生物現象，一種我們可以不去思考的未來事件，一種發生在他人身上、作為遙不可及的抽象真理、遙遠的事件，這是錯誤的觀念。但是這種「對死亡的逃避」[92]憑藉的是徹底的否認與不誠實，等於是在逃避自我。當我們處於陌生、孤獨的狀態，結束與這個世界所有虛構的關係，並且正視死亡的可能性時，我們便意識到自己的存在模式是一種實體，它狂奔猛衝，追尋本身的抹去、消亡與最終的虛無。我們對死亡有了深切的認識；我們將死亡視為一種充斥生活的可能性時，便獲得一項重要的知識，因為我們意識到不存在——存在的相對概念——無時無刻都可能發生。我們接受了死亡，就獲得解放，因為我們願意敞開心胸去面對隨時可能發生的事情，沒有虛假的安慰；我們的可能性變得為時短暫。我們擺脫了對建構的日常生活無謂的全神專注，開始明白自身的存在受到必死性所限制、塑造與形成。當這些存在的殘酷約束得到明確的定義，我們的生活也隨之變得清晰與明確。

選擇鋪就而成。

焦慮的意義　178

於是，焦慮讓我們知道自己是誰、是什麼樣的人，以及如果能選擇的話，我們可以成為什麼樣的自我。我們的**存在**良知並不是帶有威嚇的傳統倫理說教，而是敦促我們面對及處理焦慮，對自己的生活負起責任，擺脫內疚與不受認可的恐懼。這種存在的良知——焦慮的聲音——在日常生活中被視為一種陌生的聲音；它呼喚我們去探究自己的本性，去傾聽、去注意自己是誰與自己能成為什麼樣的人。然而，我們受世界的要求所吸引，沒有留意到它的呼喚或試圖去壓抑與制止它；抑或是誤解它，並透過藥物來治療它。我們也許會像多數人一樣，將良知視為一種外在的社會或文化現象，而採取傳統、主流、日常的道德規範。但是，倘若我們認為良知是客觀存在與形式化的，並由神聖的宗教信仰、理性原則或社會習俗的義務組成，就是誤解了**存在**良知的呼喚。在本真的存在中，我們必須承認自身的極限，並認知自己在選擇某種行為時不可挽回地排除了其他行為，以及在選擇一項正向行為的同時，也扼殺了無數的其他存在。

這個世界轉移注意力的活動、以及我們本身的「防禦機制」，使我們能夠壓抑

自己對那些不請自來、令人畏懼的焦慮情緒的意識。然而，存在並不容許這些簡單的防禦發揮作用，而是讓焦慮不斷入侵我們內心的堡壘。我們修復了受損的城牆，但仍持續面臨侵擾與提醒——這使世界變得危險不穩，反而創造了無家可歸的感受。這種「在世界上感到陌生」的經驗充滿了對死亡的意識，在今日被視為「更多可能的不可能性」及我們存在的偶然性質。因此，我們生活在一種充滿可能性的狀態中，無時無刻都受到一切可能性的必然毀滅所威脅。人類這種生物會意識到全然的不確定性與確定性；一個會創造可怕的可能性，另一個則創造終極、恐怖的未知。我們會意識到現在並不是全部、過去潛伏在後頭、未來等在前方。我們擁有遺憾的回憶與充滿恐懼的期待；我們天生會在探究、行動、選擇以及活在不完整與不確定的狀態時感到焦慮。事實上，存在的三重因素——我們在時間裡，時間是有限的，而我們意識到這個事實——使我們必然時刻都感到焦慮；記憶與期待的擁有確保我們會賦予自己一個長久的自我與人格特質，但也使我們只好安於對自我與個人特質的命運與時運所感到的焦慮——正如佛陀所述。

94

存在主義文學的偉大作品通常指涉一些遭到孤立、性情古怪與精神異常的人物，例如卡繆的經典之作《異鄉人》或理查・賴特（Richard Wright）的《局外人》（The Outsider）所描寫的主角；這些主要人物一而再、再而三地面對這個世界的荒謬性，發現唯一的解決辦法、唯一為無意義的存在賦予意義的方法，就是選擇、決定與行動，此外還有願意面對自身選擇所導致的後果：我們不會得到世界確認這些行為正確與否的任何信號，只會得到跟自己一樣困惑與不確定的同類充滿希望的同意。

在我的人生中，父母為我打理了全世界，讓它變得易於理解，為我創造了一個地方，告訴我這是我的天地。在他們離開之後，那些肯定、保證與狀態的維持也消失了；我成了孤兒，世界變得陌生，而我在其中失去了自己的位置，孤獨子然地在殘酷無情的天地間漂泊。但最重要的是，我感到陌生；我沒有歸屬感。為了找到我的「歸屬」與「身分」，我必須面對並理清一個身分的概念，這個身分已經失去了它在住所、家庭與國家中預期的寄託；這不是一項我預期有一天能完成的任務，因

181　第四章　感到焦慮的自由

為我獲得的任何身分都是暫時的。海德格提醒我們，陌生感是我們的常伴，是一種殘酷而可怕的存在，如果我們想知道自己是誰、是什麼及可能成為什麼，就必須正視陌生感。

存在主義者一致堅持人擁有自由，並認為焦慮是一種標誌，顯示人以對自由的自覺意識所構成。他們不是因為信仰或對死亡與虛無的看法而團結一心；但他們確實都認為，面對並釐清焦慮，對人的自我發展至關重要。實際是，正是在這些對抗中，自我發展才得以成真；人類這種生物的成為（becoming）在極大程度上取決於我們直面與應對焦慮的能力。在另一個知識領域──精神分析──中，焦慮也是一個關鍵的符號。該領域的基礎得歸功於叔本華、尼采與齊克果等哲學家，他們將焦慮視為內在衝突的指標，如果個人想持續有所成長，就必須解決這種衝突。倘若這種衝突未獲解決，神經質、恐懼症與精神障礙就會出現。

焦慮的意義　182

第五章

潛抑、衝突與難以忘懷的創傷

想克服焦慮,就要秉持分析精神追溯過往經歷與深究成長背景來了解自我,進而達到自我知識、自我和解與接受。

- 焦慮是精神分析的核心
- 佛洛伊德的三種焦慮理論
- 焦慮的內在精神衝突

焦慮是精神分析的核心

對西格蒙德・佛洛伊德而言，焦慮是精神分析的核心；這是一種難以捉摸的情緒與概念，他不只一次定義與再定義焦慮，以將它安放在人類精神中適當的位置；他努力概括焦慮及其可能造成的各種精神疾病、恐懼症與神經症之間的多元關係，這似乎顯示，他經常悲傷地意識到焦慮的複雜性與多樣性。[1] 同時，焦慮也可以被理解為人類存在的一種本體論（ontological）特徵——人生來就會焦慮——以及我們對這個世界及我們為了掌握它而建立的文明所做的生物、心理與文化反應的偶然特徵，因為焦慮（多虧了它的常伴，即內疚）是對強加的限制與嚴苛的道德標準的反應。其也源自於人類心智的結構，因為佛洛伊德提出的焦慮概念主要仰賴精神分析的理論工具：原欲（libido）；原欲的客體（libidinal object）；無意識；基於沮喪或其他情緒的驅力；本我、自我、超我，以及這三者之間複雜的相互作用。焦慮可以被理解為如此一個抽象的理論模型所描述的心智互動關係中的衝突信號。重要的

焦慮的意義　184

是，焦慮取決於個體與社會環境互動的心理運作；佛洛伊德提出的每一種焦慮概念，在某種程度上都是與「外部」世界的特殊互動或內部衝突的結果。

基本上，就精神分析的終極觀點來看，焦慮是我們對一個注定無法滿足內心深處需求的世界充滿恐懼的回應；其分析反映出一種悲劇性的存在觀。這個世界會一再帶給我們痛苦、可怕的失去；我們將注意力從真實的失去轉移到想像的失去時，焦慮標誌著我們的生活軌跡，使我們想起過往的創傷並啟動舊有的恐懼。焦慮似乎是**自我知識**（self-knowledge）的一個來源，因為我們透過這種經驗發現了內在衝突存在於精神中，並且意識到自己生活在一個分裂、而非統一的居所；我們了解到內心潛藏著潛抑——這是對世界導致內疚的限制的回應；我們認識到，自己在過往經歷了失去，恐懼這種失去再度上演；也明白自己的生活受到一種熟悉又陳舊的失去所威脅，卻又充滿恐懼地預期這種失去。我們有能力**不去期待**這個世界再也無法帶來想像中、令人痛苦地憶起的那種安全感，而這是將焦慮融入不斷進化的自我的關鍵。

185　第五章　潛抑、衝突與難以忘懷的創傷

在精神分析的框架內，焦慮是所有精神病理學的基礎，是一種基本的心理危機，支持著其他的精神疾病：焦慮愈嚴重，相關的精神疾病就愈嚴重，而精神分析學家（與被分析者）的任務也愈重大。緩解內心的壓抑、解決內在衝突、讓自己與之前的失去和解，並且在沒了心愛的「失落物」的情況下繼續生活，透過以上這些方法來克服焦慮，成了解決相關精神疾病的關鍵。佛洛伊德認為，繼續過生活與一如以往地面對焦慮，是情緒與心理成熟的標誌，一如齊克果所言；他們兩人都主張，根本的內在衝突或「障礙」必須經由一種「努力克服」的過程來緩解。如果說在齊克果與存在主義者的眼中，未能克服焦慮的失敗可在未竟的自我中得到解決，那麼對於佛洛伊德與精神分析學家而言，未能超克焦慮的失敗，會使一個人神經上的自我傷痕累累、充滿衝突，活在過去並深受往事折磨。焦慮是一種信號，鬼魂是我們的精神伙伴；我們為了想像中的陰影與惶恐而提心吊膽，將平凡小事看得過分嚴重，只因為它們讓我們想起了之前實際經歷過的失去與恐懼。我們並非活在當下，而是活在過去，就像個永遠長不大的孩子。

因此，如欲透過精神分析來解決焦慮，我們必須像個大人一樣接受失去、接受其他人無可避免也會遭遇失去的事實。如果我們不承認第一次的失去與自己對此懷有恐懼，就注定會重蹈覆轍。想克服焦慮，就要秉持分析精神追溯過往經歷與自己成長背景了解自我，進而達到自我知識、自我和解與接受。「和解」的概念尤其重要；精神分析要我們別再懷抱童年時期令人慰藉的幻想，以及別再懷抱童年時代為注定要獨自前行的我們帶來的希望，以為人生的路上總能得到陪伴、關懷與安全感。人是孤獨的，全然的孤獨，而精神分析敦促我們接受這個事實並正視其後果。它敦促我們成熟地回應──承認父母的愛與關懷是獨一無二的，過了就不再重來，而不是沉溺於原始的童年情感。精神分析要求我們徹底接受這個世界原本的樣子：我們無法逃避出生，因為這件事已經過去；我們無法避免在實際上或象徵上失去母親──無論母愛以何種形式存在於我們的生活；我們無法避免獨自生活，因為即使我們認為自己已經找到了對的伴侶與愛人，他們也永遠無法給予我們孩提時享有的那種陪伴與照顧。倘若你在防禦機制與焦慮的產生下否認這些無庸置疑的現實約

187　第五章　潛抑、衝突與難以忘懷的創傷

束,便容易罹患精神官能症。焦慮是一個舉足輕重的信號,它顯示出個體充滿了衝突與壓抑,並且需要精神分析。

佛洛伊德的三種焦慮理論

佛洛伊德認為,隨著時間的推移,焦慮有三種理論發展。起初,人們透過所謂原欲的有毒理論來理解焦慮;接著將焦慮視為引發內在、針對自我導向的潛抑;最終認為焦慮標誌著步步逼近的危險,警告自我要提防似曾相識的遺棄與無助的情況即將發生。在對焦慮的第一種表述中,佛洛伊德將其視為一種生物現象;第二種認為焦慮標誌著一種無意識的內在心理衝突,這種衝突發生於無拘無束的本我——現實的自我——不受限制的欲望,與道德上受到壓抑的超我之間;第三種則將心理視為重現過往失去的劇場,而焦慮成為創傷事件的一種信號,讓人藉此預期創傷與做好準備。佛洛伊德相信,「自我是焦慮的所在」,²因為它與本我及超我之間狂暴又

焦慮的意義　188

衝突不斷的關係，是導致與決定焦慮的關鍵因素。

佛洛伊德針對焦慮提出的第一套「有毒理論」主張，焦慮是生理失敗或外部壓抑所引起的原欲**轉變**；焦慮未獲宣洩，阻礙了原欲的能量，反映了未能適當滿足原欲需求而產生的壓力與沮喪。[3] 在這個表述中，佛洛伊德認為焦慮源自於個體未能釋放一種必須找到出口的根本壓力。性無能正是這樣一種無法宣洩性欲與獲得解脫的重大失敗；其典型受害者是那些在新婚之夜因緊張而窘態百出、無法大展雄風的新郎；在壓迫性體制的限制下禁欲的聖人君子；在天主教信仰下被迫依照妻子的月經週期規律來節育的丈夫：在上述情況中，性能量沒有被排出，而是轉化成了一種毒——焦慮。使新郎無法在床上大展雄風的不是擔心表現不佳的焦慮，而是生理上的性行為失敗；使聖人君子無法享受魚水之歡的不是焦慮，而是他基於宗教信仰發誓遵循的外在貞潔規範；焦慮源自於他未能找到出口來宣洩性欲。因此，焦慮是外部壓抑造成的結果。

佛洛伊德的第二套焦慮理論也提到了潛抑，因為當自我無法處理、引導或滿足

189　第五章　潛抑、衝突與難以忘懷的創傷

本我受道德規範所禁止或危險的欲望或情緒時，焦慮便會致使本我的欲望受到自我的壓抑。此處的關鍵差別在於，潛抑發生在內部，起因於一部分的心智，一部分的精神組成對另一部分的精神組成所表達的欲望感到焦慮。這種焦慮標誌著我們內心的衝突，指明了其對社會世界、對相關的現實約束與道德要求的反應。作為生活在文明世界的代價，我們對自然的背離，是焦慮引起的一種潛抑；這個世界的性道德觀是家庭結構與社會群體的基礎，仰賴著充滿內疚的沮喪感（內部與外部皆是），而這是我們的欲望所無法忍受的。焦慮讓我們察覺到自己心中藏有壓抑的情緒、欲望與性欲；而精神分析——以及分析者與被分析者——的任務，就是深入研究這種壓抑，以幫助人們克服焦慮與緩解壓抑。重要的是，這並不意味著我們應該展現受到壓抑的欲望並且滿足它，而是我們應該承認這種欲望的存在，並思考它對於我們與目標客體、以及目前的生活之間的關係具有何種意義。以上所述的步驟都至關重要；因此，精神分析普遍來說是一段非常棘手的過程。[4][5]

在第一種表述中，佛洛伊德認為焦慮受到了外在的壓抑，因而轉變成為原欲；

焦慮的意義　190

第二種表述則認為焦慮證明了內在的衝突——自我與超我壓抑了本我，不讓本我表達有違道德的欲望（懷有這種欲望使我們感到內疚）。焦慮創造了潛抑的內部力量，與第一種表述中引發焦慮的外部從眾力量相反。精神分析對焦慮的關注從社會轉向個人：世界不會壓迫與監督我，但我、我本身的心智會。因此，是焦慮創造壓抑，而不是壓抑導致焦慮；佛洛伊德稱之為「神經性焦慮」，是因為這會導致精神官能症，而不是因為這由精神官能症引起。在這種主張焦慮源自內在衝突的表述中，如果一個人擁有欲望、但又認為這種欲望有違道德或者會帶來危險，就會感到內疚與焦慮；我們接近禁果，卻又退縮不前，因此我們感到焦慮。看到這裡，你應該想起了齊克果的論點！

對佛洛伊德而言，導致潛抑的焦慮——當嚴守道德規範的超我攻擊自我、或謹慎的自我抗拒本我的欲望需求時——會產生「防禦機制」，進而導致恐懼症與精神障礙的神經質症狀。這種內在、具有威脅性、出於本能的需求——譬如渴望與家人亂倫，或對感情疏遠的父母、朋友或愛人發脾氣——是神經質焦慮的根源。我們

對自己的欲望或棘手情緒（如憤怒）的表達懷有恐懼，並努力壓抑、限制與隱藏它們——不只使它們與外界隔絕，也遠離自己。（有時，這些被壓抑的欲望會表現在神祕的超現實夢境中。）但是，一旦我們將這種恐懼轉移到世界上的某個元素，就會顯現恐懼症或精神失調的症狀。舉例來說，一個害怕開放空間的廣場恐懼症（agoraphobic，又稱懼曠症）患者可能因為本身受到禁止的欲望——也許是有戀母情結的兒子對母親的性欲——而感到焦慮不安，並將這種情緒轉移至開放的空間。這種看得見、外在且具體的恐懼是可以被掌控的；開放的空間是可以避免的，但受到禁止的欲望不請自來且無法控制，是我們失控的證據。於是，精神官能症以另一種形式滿足了受壓抑的欲望，比起壓抑衝動，這是更好的選擇，因為一旦衝動遭到否認，焦慮就會隨之而來。[6] **避開某種特定的焦慮是精神官能症患者從本身的症狀及相關與因此產生的神經質症狀中得到的「收穫」**。（所謂的非理性情緒，在精神官能症患者的內在認知架構〔internal schema〕中被經驗與理解為理性，這是佛洛伊德一個標誌性的理論創新。）

焦慮的意義　192

有鑑於十九世紀晚期，維也納與其他歐洲地區對性的社會糾察與管制，佛洛伊德認為性潛抑會導致焦慮的觀點為人們帶來了啟迪，但是，我們所處的現代文化與文明透過廣為宣傳、對性的表現與成功的公開要求，引起了對性功能障礙與性失敗的焦慮，這又具有什麼意義呢？因為在今日的社會，我們會面臨懲罰，問題不在於表現不好，而是**不表現**：現代文化向我們灌輸了理想化的潛在浪漫伴侶與擁有完美體態的性表演者等形象；不論在網路上、或其他地方，我們每天都被餵養性功能障礙、不安全與挫折的感受。我們不夠渴望性，長得不夠美或在性方面不夠主動；我們「俘虜」的對象看似少得可憐；當然，女性一直以來都因為她們的性徵而受到譴責、迫害與監督。既然我們花了這麼多時間節食、運動、拍照上傳Instagram以展現自己的身體，難道不應該像社群媒體上的其他人一樣，擁有更多、更美妙、更技巧高超的性生活嗎？在一個崇尚公開顯露性徵與炫耀性能力的世界，現代人之所以會有「非自願單身」（involuntary celibate，簡稱incel）的現象，是厭女情結與對性失敗的極度焦慮所致。非自願單身者透過厭女情結來表達對性失敗的焦慮：為什麼

在這麼一個充斥欲望與性的形象及表現的社會，一夫一妻制似乎是一種特別違反人之常情的社會安排——尤其考量我們為了獲得不可得的性愉悅而打理體態所花費的無數時間。性表現、不安全感與嫉妒所扮演的文化角色，對人們的性功能障礙起了重要的決定性作用：人們不僅會因為性失敗與性表現不佳而感到焦慮，也因為無法達到現代文化不斷吹捧的性理想而感到焦慮。我們沒能與足夠多的對象、合適的對象發生性關係；對女性而言，這種性焦慮承受著需要展現性欲又得保持貞潔的父權壓力，成了認知失調的禍因。網路上無所不在的色情作品使我們在性能力與性生活方面自慚形穢；相比之下，我們個人的性生活顯得蒼白無力。我們或許擁有了理想的性生活但仍欲求不滿，對性失敗有了新的看法。現代環境可能是一個導致焦慮的環境，而原因與佛洛伊德設想的恰恰相反。

這麼多幸運的傢伙都能如願得到美好的性愛，而我卻總是吃閉門羹？為什麼女人在不受社會限制的情況下都拒絕與我發生關係？她們一定給別人吃了甜頭，為什麼就是不給我？

焦慮的意義　194

在佛洛伊德臻於成熟與最終的焦慮理論中，一種深刻而原始的焦慮起因於個體的出生，這是最具創傷性與戲劇性的事件，是個體與世上最安全的避風港的分離。出生是之後創傷的範本與原型，這個影子會伴隨個體經歷的焦慮，先前發生的事件會不斷在腦海中重演，以利個體「應對未來可能發生的相同事件」。這種焦慮是一種標誌性的心理狀態，在這種狀態下，「過往事件的重演」讓人得以回憶過去並預測未來。[7]焦慮是一種信號，表明我們想起過去；我們感覺並預料到某種處境的重複，而對於這種處境，我們的精神潛伏著一種原始的反應，也就是我們在兒時感受到的全然無助。這是人類特有的一種狀態，因為沒有其他生物的後代像人類這樣，在母親子宮外的陌生環境中如此徬徨無助。

佛洛伊德區分了兩種焦慮，一種是對創傷處境的原始反應，例如出生或失去母愛等發生在生命早期的情況；另一種是再次喚起早期原始焦慮的焦慮。在前者的情況下，成長中的孩子對真實或感知到的危險產生「反應性焦慮」；這種危險可以被避免，因為孩子會預期得到大人的幫助來對抗威脅，而事實上我們在童年時期也通

195　第五章　潛抑、衝突與難以忘懷的創傷

常能夠得到這種幫助，這都多虧了帶給我們慰藉的父母，他們總會神奇地出現在迷霧中，向我們伸出援手。焦慮是一種恐懼的再現，而個體害怕的是，失去一個曾在其茫然無助的危險情況下提供保護的客體。不同的人生階段——因應隨不同發展階段而異的精神分析狀態——會產生不同的恐懼，並將不同的客體視為解除那些恐懼的救星。我們與母親分離時，會重新經歷出生的創傷；當我們經歷超我的憤怒、並且恐懼失去超我的關愛時，便是重新經歷了失去母親的恐懼。因自我、超我與本我之間的衝突而對社會的譴責或社會地位的喪失感到的焦慮，就跟失去母親的恐懼一樣深刻，因為這重現了個體對於失去母親這個客體的原始恐懼，或是對閹割的恐懼（視發展階段而定）。

神經質焦慮的產生分為兩個不同階段。首先，在生活中的某個創傷處境下，我們飽受焦慮所苦，之後，第二個階段的焦慮預期這種情況會再次發生，於是觸發了各種防禦機制，如精神官能症、恐懼症與精神障礙，在現今的理解下，這些是未解決焦慮的症狀。我們在出生時經歷了原始的創傷狀態，而在生命的後期，當重大的

焦慮的意義　196

失去——失去原欲客體，失去原欲客體的愛——發生時，這種創傷狀態就會被喚起。佛洛伊德總說：「發現一個客體，其實是在重新發現它。」[8]我們找到理想的戀人或滿意的工作時，其實是在重新創造舊有的快樂，是在重現過去對外部客體的原欲依戀；同樣地，「每一次的失去都是一種重複」，因為心靈是一個劇場，原始的創傷在其中以不同形式重新上演，從生活的角落冒出，一次次觸發我們最初、可怕的出生經歷，喚起我們失去珍視之客體的可能性。

因此，不同形式的焦慮困擾著精神生活的每個階段，原因純粹是我們在每個階段會遭遇不同的失去：出生後失去子宮；在嬰兒時期失去了乳房與母親；發展成為個體的同時，從父母身上得到的關愛與照顧也逐漸減少；我們在世界上取得成功的同時，精神生活也會重新創造與上演這些經歷。這與田立克的主張有著重要的共鳴，即人世間的失去提醒了我們最終將走向虛無，我們在生活中必然會經驗焦慮，因為我們太容易將平凡、日常與微不足道的失去理解成出生時與「好母親」分離的深刻、原始的創傷。

197　第五章　潛抑、衝突與難以忘懷的創傷

因此，在佛洛伊德成熟的焦慮理論中，我們的精神生活由出生時感到焦慮的原始經驗所塑造，作為之後焦慮經驗形式的樣板。原始的焦慮是出生、分離與閹割，而不是死亡；焦慮讓人感覺像是對「無物」(no-thing) 的恐懼，因為它是對歷史事件的隱約恐懼；一種具體的恐懼，譬如失去母親的恐懼，已經被時間層層覆蓋；創傷性事件不會直接烙印在我們的記憶中，而是在潛意識留下焦慮的痕跡。這種潛伏的存在，正是為什麼焦慮會讓人感覺像是一種模糊、無法捉摸的不安。我們每次經歷焦慮，都會想起這些難以捉摸的危險，尤其是出生時遭遇的創傷；實際上，就如佛洛伊德所主張，我們所經驗的每一次焦慮，在某種程度上都是重新喚起最令人痛苦的生活事件。導致焦慮的「真正」創傷發生在生命的早期階段；一旦對——令人惶恐的、難以忘懷的——創傷性事件的記憶受到壓抑，隨之而來的影響轉變成了焦慮，我們長大後經歷的焦慮就會作為一種預期危險的信號。佛洛伊德強調「無助」的影響，因為焦慮是我們對這種感受的原始反應（這是人類在嬰兒時期的典型特徵），我們在長大成人後的生活會複製這種反應，在面對預期的創傷時藉此尋求

焦慮的意義　198

幫助。

　　從佛洛伊德的論述中擷取的部分文字，有助於我們思考他在最後一種表述中提出的焦慮概念。首先，我們主要的焦慮是「失去（母性關懷的）客體」。[9]這是對失去母親的具體恐懼，對「感受到失去了摯愛（渴求）之人的恐懼」。[10]當然，如果我們表達的某種情感使我們失去摯愛之人的愛，那麼我們的精神就會再次對於這種情感的表達感到焦慮，因為我們恐懼失去某人或某物，而這種失去會讓我們想起生命中第一次痛徹心扉的失去。在之後的人生，「愛的失去……成為一種全新、更刻骨銘心的危險與焦慮的原因」。[11]每一次愛的失去都讓我們想起自己打從出生就失去了一個特權「客體」，也就是在我們出生後出現的母親，如今這個身分被視為原始焦慮的根源。因此，每一次真實或想像中的失去，例如親朋好友將我們從「好友名單」刪除、主管威脅要炒魷魚，好友莫名變得冷淡疏遠──都成為原始失去的陰影；這個世界，與佛洛伊德對存在抱持的悲觀態度一致，並未、之後也不會滿足我們對母愛等關愛的渴望。

因此，父母對孩子的關愛的質與量，會對孩子在未來人生中的焦慮程度造成重大影響。成年人的焦慮有可能是幼年時期遭到父母拋棄所致（不論形式為何）；父母愈是保留感情或選擇性地給予關愛，孩子就愈有可能經歷焦慮；喪親之痛無疑是會誘發焦慮、最糟糕的一種離棄形式（一如我的情況）。如果父母有給予你一個安全的環境，在這裡頭你不會感到恐懼、或者反覆或殘忍地失去父母的愛，便有可能不會受這種形式的焦慮所苦；假如沒有，你可能就避免不了這種焦慮。焦慮的父母可能會因為本身飽受焦慮所困，而比較無法給予關愛與傾聽孩子的聲音；他們發出的焦慮信號也會令孩子感到焦慮。因此，我們在童年時期遭遇的失去與關愛的剝奪，可能會使我們對這些失去的再現產生根深柢固的恐懼——無論它們以何種新的形式出現。假設朋友不回你電話，你也可能會跟對方一樣焦慮，因為你為這段失敗的友誼賦予了不容忽視的意義；這讓你想起自己曾經遭遇慘痛的失去，而且有可能再度經歷這樣的痛苦。

焦慮的內在精神衝突

因此，在我們看過佛洛伊德對焦慮的不同表述後，會發現他最終的成熟觀點是，焦慮的根源自最原始的人類事件（即出生），並且受生活中的平凡小事所觸發或重啟。由於出生的創傷與之後的失去都在預料之中，因此人們注定會經歷焦慮；這是生命中令人畏懼的標誌。如果我們對人事物的每一次「發現」與「探索」都是對失落客體的「重新發現」、「重新探索」，那麼每一次的失去——無論真實或可能成真——都代表著再度失去一個重要、失落的原欲客體。由於每個發展階段都以一種獨特的失去為標誌與特徵（我們害怕再度經歷這種失去），以及世界注定會讓我們經歷失去，因此我們在過往創傷縈繞不去的情況下，焦慮地活著，過分地預期與回應那些基於經驗而生的恐懼。

佛洛伊德對「分離焦慮」的分析對我而言意義重大；我失去了雙親；他們去參加展覽會，結果一去不返；如果說連這種穩定性都會被奪走，那世上真的沒有什麼

可以讓人放心的事了。我注定要發現世界的恐怖之處，因為每一次的失去——即使如錯過一班火車、考試不及格或遭女友冷漠以對的這種小事——都讓我想起一次令我大受打擊的失去之痛。我看待、理解與解讀這個世界帶來的失去的方式與別人不同；我的獨特經歷使我為自身的失去所賦予的意義要黑暗得多。現在我明白自己為何總是瘋狂回播朋友的電話、接受他們每一次的邀約（儘管我討厭他們會選擇性地接受我的邀約），因為我太害怕失去他們代表的慰藉與陪伴，太害怕失去他們的愛。我的嫉妒是一個深刻的焦慮指標；我以為自己樂在其中、可能會失去愛的任何一起事件，都是令我心慌意亂與怒不可遏的原因。這與我的移民背景有很大的關係；我離鄉背井時失去許多熟悉與令我安心的事物——其實可以說是失去了整個人生。之後經歷的其他失去，總會讓我想起那些痛苦的分離，想起我在這場交易中失去的一切。

佛洛伊德的理論表述、以及隨之而來對焦慮經驗現象學的推測性解讀，讓人不禁重新思考自己對於本身在這個社會與物質世界上有何地位的心理取向⋯我們有多

麼擔心受到文化、社會與自己選擇的朋友譴責？我們在多大程度上調適並接受永遠失去父母的保護與照顧這個事實？我們在個人與工作關係中得到了多少安全感？我們是否不斷向朋友與愛人要求父母般的關愛，強迫他們經歷一場注定無法通過的考驗？齊克果論述的焦慮與內疚之間的關係，在此獲得深刻的共鳴：我們是焦慮，還是內疚？這對我們來說有何不同？有什麼要求或限制是我們（應該）因為沒能滿足或遵守而感到內疚的？

佛洛伊德的精神分析強調了內在的精神衝突，承認文明與文化在壓抑人類本能方面所起的作用，以及（經常受到監督與壓抑的）性行為在其與精神官能症之間的關係中具有的重要性，關鍵地闡明了人們的焦慮。舉例來說，佛洛伊德的分析有助於我們理解所謂的「社交焦慮」；人們害怕如果表達了自己的需求或說出自己在關係中遭遇的傷害或疏離，會因此招致他人的不認同或失去朋友與家人；面對個人衝突一觸即發時所感受到的恐懼，讓我們想起了自己害怕關係的終止，即使我們只是想跟對方討論如何改善現況而已。遲遲不敢出櫃的男同性戀者恐懼的不只是家庭與

203　第五章　潛抑、衝突與難以忘懷的創傷

社會的反對，還有朋友與家人的遠離；對這種失去的預期會引發強烈的焦慮，尤其如果這種情況呼應了過往的創傷。失去工作、友誼、愛人甚至是同事，也是同樣的情況——對方的不認同變成了超我的不認同。

最後，抗抑鬱劑經常被認為會降低性欲（以精神分析的術語來說，這是對原欲的「阻尼」〔damping〕）；當然，這樣的無性之人不會因為性表現而感到焦慮，不會因為需要在性事上令別人印象深刻而焦慮，也不會因為失去性伴侶而焦慮。抗抑鬱劑能發揮作用，是因為它讓人們對性失敗或未能達到所屬文化的性標準不會感到那麼焦慮（與沮喪）嗎？這種受到抑制的原欲，會降低我們對人際關係中「性喪失」產生的焦慮感嗎？

佛洛伊德強調我們的生活形式、建構的文明與所處的社交世界之間的關係，這種觀點使我們認知到，自我與社會之間令人感到疏離與去人性化的衝突是焦慮的根源。存在主義者認為社會是不真實性的避難所，而焦慮是自由的標誌。批判性的唯物主義傳統主張社會是焦慮的創造者，因為它否定了我們的自由：我們的焦慮感不

焦慮的意義　204

是自由的感受,而是生活在依他人意願而建構的一個世界之中的感覺,這種感受使我的獨立存在與我選擇的生活變成了僅僅是達到他人目的的一種手段而已。(沒錯,批判性的唯物主義傳統與尼采的表述形成了重要的共鳴。)我們感受到的焦慮是一種強烈疏離的生物,其生活在陌生之境,無法掌握與創造自身命運,受到人為力量的控制、量化與擺布。想要治療焦慮,就必須選擇以不同的方式在已建構的世界上生活,這是社會與政治的批判與行動主義的任務。光靠理論無助於理解或減輕焦慮,我們也必須身體力行。

第六章 焦慮與社會生活

這個世界上真正能夠緩解焦慮的藥方，是政治行動與行動主義，而不是孤獨的沉思與冥想。

- 獨一無二的時代焦慮
- 馬庫色談焦慮的社會情境
- 馬克思的異化論
- 從接受事實到採取行動

獨一無二的時代焦慮

人們一直懷疑，是這個世界的安排與他人的行為令人感到焦慮，因為人類的歷史與環境會影響並塑造人類的意識（反之亦然，這是一種共同決定的關係）。因此，人類在存在或精神分析方面的根本性焦慮，必須透過生活的物質環境與文化安排來進行可見的表達與展現；由此而生的焦慮，則隨人們所處的文化形式與之前的社會經濟歷史而有所不同。在美國這塊自由的土地與勇者的家園，同時也是世界上藥物濫用問題最嚴重、經濟最不平等的國家，金融恐慌與焦慮猖獗橫行；在別的國家，其他方面的恐懼——政治（戰爭）、社會（內亂、少數民族受到的法律迫害）與地理（氣候變遷）——四處蔓延。不同於二十世紀的亞洲人或十九世紀的美國人，十八世紀歐洲民族的焦慮彷彿處於一種新穎的文化與精神空間。如果說人類的社會、政治與經濟道德環境在二十一世紀有所不同，我們應該會發現，自己所經歷的焦慮獨一無二。每個時期、時代與紀元都有獨特的恐懼與文化焦慮，它們經由父

母、朋友、師長傳遞，或者透過派對上與電台播放的音樂散播，其形式可以是廣告與看板上的資訊，也可以是孩子隔著半掩的房門聽到父母談話的片段。

每一種文化與每一個時代也產生了特有的死亡與虛無之形式，透過獨特的方式將我們趕出想像中的家園以疏遠我們、加深我們存在的孤立；現代人最具鑑別性的特徵是，被淒涼地逐出故土，在道德與精神上皆是如此。「上帝之死」是精神慰藉的異化，這是面對無神性及廣大目標與道德秩序的喪失、會引致焦慮的一種遭遇；哥白尼（Nicolaus Copernicus）的太陽中心論與想像中的天國繫留有所切割，背離了更安全、更安撫人心的宇宙起源論；佛洛伊德帶動的變革是一種深刻的自我疏離，將自己劃分為已知與未知。緊接或伴隨這些歷史性革命而來的是，許多文化、社會與科學技術層面的現代性革命帶來了當代特有的不確定性，致使相繼的焦慮時代發出熱烈而真切的宣告。工業革命的激進變革與現代嚴重的不平等（貪婪的殖民主義與帝國主義加劇了這種現象），顯著擴大了在那些最深受影響的社會之中的焦慮；隨著文明與日俱進，留下了舊時社會與文化形式的殘骸，如今由於已建構的世

209　第六章　焦慮與社會生活

界備受氣候變遷所影響，人們的焦慮似乎變得益發單調乏味。在現代的世界，這種痛苦日益加深所表現的一個劇烈症狀是，愈來愈多人質疑人類是否應該誕生在一個前景不明的世界，實現原始的生物功能。這是一個尖銳的道德問題，是前人在當代的背景下沒有面對過的問題，因為他們所處的世界並不像現代這樣，他們沒有經歷過我們的焦慮。

在新的千禧年，我們也認識到，男性在職場與家庭中面對受女性主義理想所激勵的女性而產生的「男性焦慮」；面對種族多元的世界及其對社會正義與有形及無形賠償的要求而生的「白人焦慮」；使西方與東方社會突然傾向民粹與獨裁政權的「經濟焦慮」。這些焦慮的基礎，是我們與其他國民在面對複雜的經濟與金融體系及其引發與延續、急遽動盪的政治與技術變革時，對自身的社會地位與發展前景產生的不確定性。現代人之所以會有這些焦慮，是因為害怕顛沛流離、遭人遺忘，害怕精神與道德的死亡會抹滅舊有、既定與令人安心的生活形式與權力關係，取而代之的是那些未知、不明，在可見未來的核心閃爍耀眼的虛無。典型的移民搬離了舊

時的住家，面臨瞬息萬變的新世界，失去了熟悉的家人與朋友，有極高的機會飽受焦慮、憂鬱與酗酒所苦；這正是我們的命運，因為在深刻層面上，我們都是移民，流離失所、不知何去何從，即便身處過去熟悉的地方。我們失去了舊有的家，努力在現今世界中找到自己的方向。

這種對焦慮的歷史與物質環境的敷衍認可顯示，正如田立克等存在主義神學家所發現，當「常態」不再，焦慮就會被喚起並蔓延開來；這也呼應了佛洛伊德的觀點，也就是一個人失去了父母的保護性結構所給予的安全感時，內心就會再度湧現原始的焦慮。田立克指出，我們「習以為常的意義、權力、信仰與秩序結構瓦解」時，存在的焦慮會披上新的外衣、透過新的形式展現，隨之而來的各種新物質條件也會共同聯手擴大我們經由特定形式意識與經驗的焦慮。[1]田立克舉了一個鮮明的例子，那就是經濟大蕭條時期的美國，在這麼一個「高度競爭的社會」，人們經歷了「經濟基礎的喪失」。[2]那些悲慘時期不僅導致經濟層面的損失；其造成的精神代價也同樣慘重，因為家庭與社會群體紛紛崩解，人們背負了難以承受的壓力，

211　第六章　焦慮與社會生活

包括失去工作、尊嚴，以及在最終的個人滅絕逐漸逼近下失去維持身心合一的方法。（那些經歷過二〇二〇到二〇二二年間新冠肺炎疫情的人們對這個注解應該不陌生。）

當然，對「常態」的質疑與重構是一種新常態；我們面對五花八門的規範標準，面對狀態與既定規範不斷變化的社會與政治制度；今日，我們的社會地位不是被人指定的，而是自由選擇的，這構成了存在主義者熟知的一種會引起焦慮的負擔。這個社會無止盡與持續不斷的階級區分——以及隨之而來令人嚮往的「向上流動」可能性——讓我們在遊走於秉持不同價值觀與意義概念的社群之間時，長期對自身的社會與道德適當性感到焦慮；我們無法停止沒完沒了、引人不快的比較（「人比人會氣死人」），並且惶惶不安擔心自己如果失去了經濟地位，就會變得什麼都不是。

從這些角度來看，焦慮似乎不像是與本真性或自由發生的衝突，而像是一種懲罰、一種痛苦的沉淪。實際上，以此而言，焦慮似乎是一種強烈的不自由、可能性

焦慮的意義　212

的喪失，是預先決定的道路上永遠存在的限制、約束與強制通道。這般的考量讓人不禁全面質疑起存在主義者將焦慮視為自由標誌的觀點；畢竟，這種焦慮豈不是讓人感覺更不自由、更加受到約束嗎？焦慮束縛了我，使我無法採取行動（只因為見識與經歷的事物不就會變得比較少了嗎？當我感到焦慮，不就愈不自由（只以形成強烈對比。焦慮的人之所以痛苦，是因為他們縮小了自己的世界，而不是祈求齊克果所主張的可能性來擴大世界。當然，有鑑於許多焦慮的人恐懼失控，這種選擇與行動不受限制的自由似乎令人嚮往？這種刺骨的焦慮可能會使人「逃避自由」，奔向極權毒藥的懷抱，諸如納粹、極權共產主義、法西斯主義、受制於經濟巨擘的假民主，任何能讓我們擺脫因為面對新奇與未知而產生、令人痛苦作嘔的焦慮的東西。[5] 從這些反應可知，儘管存在主義者將焦慮視為自由的標誌，但焦慮未必會讓人感到自由。然而，這樣的觀點也有助於我們理解，作為焦慮的人，為什麼我們在感到焦慮的同時，會試圖控制自己的生活，努力讓自己遠離自由。其原因在

213　第六章　焦慮與社會生活

於，我們瘋狂控管自我，控管自己的飲食、行為、情緒、社交空間與承諾。

我們設法理解焦慮時，歷史、物質性與文化方面的考量引發了許多問題：如果焦慮是一種基本的人類情感與意識特徵，為什麼會在十九世紀得到了確切的命名與識別，而不像過去那樣是早期哲學思考中一個隱含的標誌？為什麼「精神疾病」及許多相關的「焦慮症」在二十世紀變得更加常見？是因為我們在診斷上變得更有效率，抑或是為了使用更多藥物——大型製藥商為了盈利所生產的藥物——而做了更多診斷呢？我們在為焦慮命名與為它貼上負面標籤之前，是否有順應當時的文化風氣而稱之為其他的情緒或情感？在我們所處的時代，是否有某種物質性使焦慮成為過去不存在的問題？我們的文化是否自有一套焦慮的命名方法，替新出現的疾病取名，讓熟悉的敵人有了新的偽裝？

談論現代環境下的焦慮時，不能忽略人們的階級、地位與經濟上的不安全感；內心隱約恐懼會陷入失業、收入減少與最終變得貧困的無底深淵，是現代中產階級焦慮的特徵。現代有一項非凡的成就就是，以廣大的社經階級與地位的等級制度取代

焦慮的意義　214

巨大的存在鏈；我們知道，假如違背了社會與文化所定義與要求履行的責任（包含日以繼夜地工作、無止境地累積物質財富及不斷追求階級流動），會面臨什麼樣的後果。階級的下降是新的死亡，是現代焦慮的原始根源。如果說童年的創傷是未來焦慮再現的樣板，那麼一個孩子可能會在父母（以及「外面」世界）的無情灌輸下，有了必須「有所成就」、在「對的」地點接受「良好的教育」與在社會上找一份「好工作」，否則人生就毀了的觀念。這樣的孩子承受著必須做出這些形成性決定的龐大壓力，因為如果不這麼做，就會面臨現代文化特有的死亡。就孩子而言，他們每天看到父母為了經濟困境而焦慮；這些憂心忡忡、工作過勞、經濟壓力沉重的父母在現代的社會環境下出現，未來也會教養出焦慮的孩子。社會觀察可能會引發焦慮；很簡單，只要看到別人害怕，我們也會感到害怕；如果我們有一對時時刻刻都感到焦慮與恐懼的父母，長大後也注定會遭遇同樣的痛苦。此外，如今我們處在一個緊密連結的世界，在這裡，發生的一切都有可能為人所看見、聽聞與張揚；在這裡，我們有更強烈的自我意識，也未必都是正面的。我們受到更嚴密的監控，

215　第六章　焦慮與社會生活

我們的未來受制於非人、令人捉摸不透的人機結合,同時我們也意識到,我們所馴服的世界隨時有可能反咬我們一口——正如二〇二〇到二〇二二年間新冠疫情帶來的慘痛教訓。

長大成人後,我們看到父母在世界的物質力量面前退卻、畏縮與畏懼;我們得到了警告,知道自己之後可能也會變得如此;如果文化上可行的解決方案會導致經濟不平等、氣候變遷與精神疾病的猖獗,那麼我們想知道,這個世界存在的理由是什麼。如果人類文明帶來的獎勵是通勤時間長、沒有時間與家人朋友相處、必須穿著不舒服的衣物被關在有空調的辦公室裡、面對看心情聘用與解僱的專橫老闆,以及永遠都放不了的年假,那我們為什麼不對這一切說不呢?即使未公開宣示,我們或許已經暗自顯露真正的感受——成天垂頭喪氣、精神委靡、內心焦慮。也許,我們結束為他人的財富與權力忙碌奔波的一天後,大可癱在沙發上,盡情吞雲吐霧、飲酒作樂與吸毒放鬆?

我們以為可以救世的手段——科學與技術——對於緩解焦慮毫無幫助,因為現

焦慮的意義　216

代的技術變革破壞了舊時社會與政治組織的形式，非但沒有消除舊有的權力形式或不平等，反而將我們推向了氣候變遷、神祕難解的流行病與政治運作失靈。二十與二十一世紀野蠻地將科學的夢想驅散成了一場噩夢：人類取得的最大進展是讓綠意盎然的地球變得不宜人居，而我們依然麻木不仁地享受科技帶來的便利，不願意、也沒有能力放棄正在殘害我們的毒藥。至於藥物，即使它能夠幫助我們從舊有的可怕疾病中解脫，但所需的成本對多數人而言往往過於昂貴。二〇二〇到二〇二二年間肆虐全球的新冠疫情提醒了我們，文明的力量並沒有讓這個世界變得更安全，反而使我們本身遭受更為致命的危害。在極短時間內製造出來的新冠肺炎疫苗拯救了我們，是現代醫學及其技術設備的一場勝利，但這場疫情導致的災難是人類一手造成的。疫情期間，美國在公共衛生措施方面的應變顯現了政治運作失靈，這提醒了我們，人類也許可以掌控大自然，但人性的控制始終是一項挑戰。

人們因此憤世嫉俗地看待現代科技與科學本身——人們所謂的救星——的這種危機，創造了全新的焦慮時代。這種對於科技進步的恐懼並不新奇，任何經歷過美

217　第六章　焦慮與社會生活

蘇冷戰時期、並接觸當代狂熱的文化產物的人都會告訴你，他們只是在這個時代找到了獨特的表達方式。我們意識到內心潛伏著更可怕的野獸（某些情況下是人類），以及牠們利用自然與科技的力量造成毀滅的能耐；我們也意識到，自己愈來愈像是工業與金融機器的一顆齒輪，被無名的少數人所擁有與控制，而倘若我們不做出改變，我們的後代也將在一個注定毀滅的世界中長大。

這些恐懼的變體一直潛藏在人類的精神中，以新的形式經由我們的肉體與思想表現出來。現代人比以往更常談論焦慮，會互相交流焦慮的經驗，也對本身的焦慮更有自覺。我們為許多舊時的恐懼命名，並看著其他新的恐懼出現。金融化與科技化的文化使我們變成**常人**的同時，也有可能讓我們成為社會的虛無：無家可歸、罹患精神疾病、遭到監禁、受社會排擠與譴責。從出生的那一天起，我們就被迫面對這種「拒絕」，被迫深究注定面對的命運，如果我們堅持不遵循社會的命令與要求的話。預言中的巨大災難就在我們周遭活生生上演：有人流離失所、身患重病、一貧如洗或遭到遺棄；監獄裡滿是違反社會規範的罪犯。我們知道，如果他們有足夠

焦慮的意義　218

馬庫色談焦慮的社會情境

赫伯特‧馬庫色原本是一位激進的哲學教授，後轉換跑道成為言詞尖刻的批判

的金錢，出生在對的家庭或來自對的種族，就可以避免這種命運。這個社會堅持採行分裂的社會秩序，假借個人自由之名來支配我們的命運，同時建構社會與經濟體系來限制我們實際行使這種自由的權利，使我們生活生面臨「令人作嘔、殘酷與為時短暫」的可能性。[6]我們最大的恐懼是經濟陷入困境，因為我們知道，可能性超越這個時代的所有災難：後代的貧困、不治之症、早逝。那是我們最深層的恐懼與焦慮。在新冠肺炎期間，也就是我寫作本書之際，那種焦慮變成了具體明確的恐懼。人們感覺不自由，感覺受到了壓迫、緊逼與排擠。這個時代感到焦慮的人們怎麼會認為，自己感受到的焦慮標誌著真正的道德與形上學的自由？他們應該這麼認為嗎？

理論家，身為法蘭克福學派①傑出的批判理論家的他嚴厲批評存在主義，尤其是沙特的《存在與虛無》，因為這本書聲稱，焦慮與無意義作為現代資本主義世界及其階級社會的獨有特徵，正是存在的本質。因此馬庫色指出，存在主義「將人類存在的特定歷史條件視為本體論與形上學的特徵」。換言之，存在主義接受人類存在的偶然特徵（其由世俗、人類的力量所創造），並宣稱它們不可改變。這個哲學的錯誤——混淆了人為的歷史條件與既有的特徵——替人類自討苦吃的行為找藉口，不但否定了政治意識存在的空間，還對形上學的自由做了無謂的臆測（這種自由在這個人為世界裡無可乘之機）。因此，存在主義根本談不上是一種徹底解放的哲學，反而可能是知情者策畫的一場終極騙局。

馬庫色認為，沙特闡述的存在主義是「一種道德觀，它訓示人們應該放棄所有烏托邦式的夢想與努力，腳踏實地過生活」。因此，馬庫色主張，存在主義是一種耐人尋味、不負責任的宿命論，其接受這個世界的荒謬性——這並非世界的本體論特徵，而是人的行動與選擇所引起的偶然歷史發展。存在的焦慮應該要驅使人們

焦慮的意義　220

去探究、進行政治批評與積極行動,而不是默默接受物質上的不安、認為這是存在的一種特徵。

若想了解馬庫色的評論有何說服力,我們可以試想,一位深感焦慮的中產階級從別人口中得知自己的焦慮屬於「本體論」,這表示他無法從有限的工作與經濟前景中找到自由,因為他被房貸、大學學費與高昂的醫藥費壓得喘不過氣。當他想到自己的孩子注定在競爭激烈的市場上面臨明星大學的入學割喉戰,或是面對似乎將主宰二十一世紀、充斥著金融與生物災難的殘酷世界,焦慮的本體論無法帶給他安慰。新冠病毒肆虐各地之際,這些恐懼一直盤踞在我們的心頭。它們將最道地的美式恐懼注入我們的思想,像是慘死在人行道上成為無人聞問的無名屍,因為沒有保

---

① 法蘭克福學派(Frankfurt school):是以德國法蘭克福大學「社會研究中心」為首的社會科學家、哲學家、文化批評家構成的學術社群。該學派特色在於建構批判理論,針對現代社會、思想及文化等展開批判,探究歷史發展及人為因素於其中的作用。第一代代表人物包括馬庫色、佛洛姆(Erich Fromm)等,第二代的代表人物則有哈伯瑪斯(Jürgen Habermas)。

221　第六章　焦慮與社會生活

險而無法接受妥當的醫療、被逐出家園、孩童被迫賣淫、吸毒成癮與早逝，因走投無路而犯罪然後被關進監獄。在這個世界上，存在主義者所謂的選擇顯得可笑；我們想要與需要的是安全感與可預測性。

馬庫色認為，對一個人說他／她應該接受焦慮無法被治癒、應該將焦慮視為一條通往自我發現的黃金之路，彷彿是在邀請人們接受這個世界本來的樣子、接受政治與道德的靜止。如此正合當權者之意，因為他們知道，那些在他們的政治與社會安排下深感焦慮與恐懼的人們甘於沉浸在焦慮之中，不會採取任何行動來改革那些作為罪魁禍首的物質條件。但是，假設我是一種無可救藥的社會性動物，是社會及其不停運作的社會力量所創造的產物，那麼我的焦慮怎麼可能只屬於我自己呢？如果不改變周遭的世界，我可以減輕自己的焦慮嗎？如果多數人都在從事毫無前途的工作、使自己與家人因此始終焦慮不安，那麼談論如何滋長一個人的焦慮，是資產階級自由主義的特權嗎？這個世界上真正能夠緩解焦慮的藥方，是政治行動與行動主義，而不是孤獨的沉思與冥想。

焦慮的意義　222

因此，馬庫色反對「人擁有絕對自由的這種宣告」，因為「人擁有自由的範疇與內容及『選擇』的範圍，取決於本身的特定社會歷史情況」。[10] 是以，人的「自由是有限的，而選擇的範圍如此之大，以致存在主義者對自由的解讀顯得像是一種嘲弄」。[11] 這種選擇、這種存在主義者所謂的自由，即自由意志主義者建議遭解雇的勞工可以尋找另一個雇主、談另一份合約或搬到別處找工作時所主張的自由，這些看在那身心俱疲、遭到排擠與焦慮不安的社畜眼裡，就像是一個殘酷的笑話。相反地，馬庫色認為人的自由一向受到限制，並且由社會結構與歷史時刻所決定，我們身處其中，並從中看到了不同的選項。不可見的選擇根本稱不上是選擇，而雖然我們也許能夠指出理論上的選擇，但也需要有一些對應本身的才能、能力與社會處境的現實選擇。

在現代世界，就連所謂的解放思想體系也在建構與延續焦慮，譬如自由意志主義。其理應作為一種堅定要求自由與脫離政府控制的政治哲學，主張人們有權——實際上也需要——在人類相關的所有領域中做出選擇，甚至是我們指望基於公共財

223　第六章　焦慮與社會生活

與價值觀的社會共識而生的選擇。諸如無止境地購買醫療保險、勾選各種自負額、共付額、供應商網絡的「選項表」，不過是現代人在這個領域可笑的自我傷害行為；我們生病時，非但不能依靠不分就業狀況、階級或年齡都享有的醫療照護，反而被迫不停消費，一再陷入決策的焦慮。我們能夠期待自由在這樣的空間蓬勃發展嗎？

我們可能會問，我們如此瘋狂開處方與服用精神藥物，是為了治療我們所命名與診斷的大量疾病，還是治療我們聲稱已經隔離的疾病，又或者是治療特定的社會與文化情況並減輕其影響，好讓我們比較能夠繼續身處其中？若從這種角度著眼，我們會覺得許多治療焦慮的藥物似乎更像熟悉的酒精與大麻，可以讓人在一天接近尾聲時消除緊張感與宣洩壓力。或者，像百憂解等精神科藥物，如精神科醫師彼得·克拉馬（Peter Kramer）所述，僅僅是一種能夠修復我們與世界脫節的部分的「美容藥理學」[12]而已？也許我的焦慮就像一個扁塌的鼻子，需要微整形才能更符合我所處的社會與文化世界的審美觀？馬庫色等批判理論家認為，我們就像在服用藥

物，因為我們在資本主義的世界中遭到疏離、隨波逐流；我們需要的是重整社會、改變其價值觀與看法，而這得透過行動主義、立法與正式的討論來實現，而不是服用藥物。馬庫色在《單向度的人》（One-Dimensional Man）指出，如果「生病、體弱與年邁的族群能夠得到照顧」，我們就能「量化⋯⋯可能減少的焦慮、可能擺脫恐懼的自由」。13 在「精神疾病」的社會解決方案上，當權者或許傾向選擇藥物治療，而不是冥想或調解，因為願意服藥的人可能是溫和順從、不過分奢求的公民，在鎮靜的狀態下只要能拿著遙控器切換電視頻道或透過電腦連線上網就心滿意足了。

馬克思的異化論

在十九世紀，回應資本主義工業社會在工業革命後的那段期間日益顯著的不幸，馬克思主義的理論提出了一種劇烈心理痛苦的診斷：異化。卡爾・馬克思

在《一八四四年經濟學哲學手稿》(*Economic-Philosophical Manuscripts*)中嚴厲指出，因人力持續存在於使關係商品化的資本主義制度而出現**勞動的異化**，使得勞工與他所生產的商品或所創造的價值失去有意義的連結。相反地，如果工人被剝奪了任何意義上的工作或勞動的所有權、或是與同僚交流的時間，那麼「他創造愈多財富，就愈貧窮」[14]，因為「工人與其勞動產品的關係，就像跟一個外來的物體一樣陌生」[15]。生產的工具——工廠、機器，還有現代使用的檔案伺服器與硬碟——都不歸工人所有，他對自身的工作環境與條件缺乏有意義的控制；他無法為自身的勞動定價，也不能共享產品的銷售利潤。我們生活的環境不是十九世紀快速工業化的英國（當時環境激發了馬克思的論辯），但我們應該注意到的是，現代勞工正逐漸失去職場與工會的保護及薪資的平等，並且面臨比以往任何時候都還要劇烈的時局動盪——二〇二〇到二二年間，全世界的「基礎」勞動力在威脅生命的殘酷力量下體現了這個事實。

這種權力遭到剝奪的狀態持續存在，使勞工——不論藍領或白領，技術或非

技術勞工──「在工作中消耗愈多時間與精力，客觀現實世界就愈強大」。[16]「客觀現實世界」要變得「愈強大」，相對就意味著勞工的非人化。由於勞工的這種異化，他所生產的產品本身「獨立地」存在，並且「與他形成了對立……就像一股外來的敵對力量」。[17]一個人一旦與自身的工作、勞動及勞動產品產生異化，就會開始與自我、同僚及大自然異化，因為他自由且有意識的活動已經不可思議地異化了。諷刺的是，工人愈賣力工作，就愈使得自己對這個世界感到陌生，也──扮演起驅逐自己的行動主體──愈使得自己無家可歸。

海德格主張焦慮「無家可歸」的觀點與馬克思的「異化」之間的共鳴至關重要：由於我們組織勞動與商業世界的方式，世界變得令我們感到陌生。我們建構的世界之所以無家可歸，是因為它具有我們透過自身的勞動與才智所建構的客體。在馬克思主義的異化概念中，就連海德格指涉的**常人**也面臨異化，因為他也置身於經濟權力凌駕於自己之上的人們所建構的意義世界以外。如果說充斥著人工製品的世界是人類存在的標誌，那麼這個世界的呈現方式超出了我們的理解範圍。

227　第六章　焦慮與社會生活

關於理解我們所處的這個無家可歸的世界，馬克思的分析提出了兩項重要的觀察。首先，充斥著人工製品的世界（即建成環境）雖然由人類創造，卻充滿了外來的敵對力量。在這裡，異化之人陷入人際、內在與存在的孤立，而每一種孤立都產生了獨特的焦慮，源於人們對自己在社會空間中遭受孤立的認識。我們感到孤獨伶仃與無助，在遭受這個無所不能且懷有惡意的世界踩躪之下進退不得，想不透它到底是怎麼運作的。在當代社會，有兩股難以平息、不可滲透的力量主宰我們的生活，那就是金融與科技，它們是現代世界的擔保者，也都是我們無法理解或控制的。我們經由一塊陌生的土地在這個世界上活動；其運作機制不為人知，我們也無法多作探問，因為一切都是專有的，在法律機制與社會協議的結合下隱蔽於我們所能窺探的範圍之外。

其次，**我們與生活本身產生了異化**，滿檔的工作讓我們幾乎沒有時間建立或經營與家人朋友之間的關係，同時也開始以金錢與利益衡量彼此間的交流，因此與其他人及自我變得疏離。現代都市生活典型的諷刺之處在於，在人群熙來攘往的城市

焦慮的意義　228

裡感到孤獨；人們沒時間做愛，也沒時間品嚐美食佳餚與從事娛樂活動，這些樂趣只有度假的觀光客有閒暇享受；光是與朋友聚會就需要一長串的預約，才能訂到適合「喝杯咖啡」的「美好時光」。我們隨波逐流、迷失方向，在一個充滿陌生人事物的世界裡漂泊不定，沒有人注意或關愛我們；這些陌生的獨立存在可能會對我們的精神與物質福祉造成威脅與危險。我們日復一日地不停工作，到了最後，我們要從這個世界退場時，卻是在病榻上哀嘆著希望能有更多時間與所愛的人相處，並且懊悔自己受到這個殘酷、疏離的世界所誘惑、以及自己與這個世界的牽纏。

因此，異化勞動導致了我們與生活的異化、與自我的異化、與其他人類的異化。這種異化是什麼樣的感覺？這感覺就像焦慮，因為它就是焦慮。「人與人異化」時，[18]會將別人看作陌生人，無法理解對方的舉動，認為對方的行為神祕難解；也會發現自己難以接近其他人，一心專注在評估自己與他人的異化。與自身肉體的異化及與外部自然的異化，加深了這種感受；我們感覺自己與容留並維持我們生命的肉體脫節，與自己的思想脫節，與最基本的人際關係脫節。異化之人會感覺

到一種空虛，而這種空虛會試圖不斷消耗世界上的物質來得到緩解。這種消耗——正如佛陀可能會主張的——不能解決根本的疏離，物質財富的不斷累積（在現代社會成功的象徵）必定會引發焦慮，因為這些短暫的財富只能證明一切的事物終將逝去。

我們與自我、與社會的異化是一種急症；這是一種根本的疏遠，一種與自我、與自然、與工作、與工作的產物、與生活中最直接接觸的物質環境的分離；這是一種精神上的斷裂，使我們在自己的家園中流亡，被過去視為家人與朋友的人們所圍繞。我們在這個物理、以經驗為基礎的現實中，能夠意識、感覺、看見、觸摸與嗅聞，但我們不屬於其中；我們發現自己處於海德格所謂的「無家可歸」之中，被陌生所包圍。我們對這種——由經濟富裕的族群所建構與維持的——人為的陌生意識，正是全新的焦慮。這種異化、這種分離使我們不得不信任與服從「新的偶像」，而這些偶像不必是神聖的；國家與金融領域的當權者只要承諾會帶來安全、權力與解脫，並且要求我們忠心耿耿，就能使我們亦步亦趨。

焦慮的意義　230

從接受事實到採取行動

如前所述，齊克果、沙特、田立克，當然還有尼采等存在主義者確實——在不同程度上——都承認，一個人的命運取決於本身的社會歷史處境。此外，現代社會有了新的焦慮來源：悄悄蔓延的法西斯主義、氣候變遷、環境崩潰、經濟不平等，而加深這一切的是社群媒體系統，其目的是將我們當作商品販賣給手握大把鈔票的廣告商。這些新的顧慮為原始的焦慮賦予了新的形式，與存在的擔憂形成連結，使它們成為這個時代的焦慮標誌。如果說以前的我們總是猶豫不決，那麼如今更是如此，我們面臨各式各樣的選擇、受數據演算法所操縱、還讓自己的孩子成了商人虎視眈眈的獵物。任何曾經不得不退出社群媒體、尋求「戒斷」或「數位淨化」的人都能證明，我們花愈多時間與這些所謂的科技救世主在一起，就愈需要拯救，因為我們變得無時無刻都嫉妒他人，對自己的生活感到不滿，對自己做的選擇抱持焦慮、不確定與不安全感，飽受內疚與遭人譴責的焦慮所苦，陷入長時間滑手

231　第六章　焦慮與社會生活

機而無可避免的空虛無聊。我們對自身決定的認知失調因他人的決定而變本加厲，如今我們才驚覺事實，對自己的決定感到懊惱。

在這樣一個世界裡與焦慮共存，是一項遠比面對焦慮來得更具挑戰性的任務：我們必須從根本上重新調整組織社會的方式，政治活躍分子相當熱中於此，因為他們發現這種實踐可以讓他們在採取行動的同時擺脫恐懼。然而，儘管有了這樣的行動主義，我們仍必須學會內省，深入檢視自己的焦慮與具體恐懼，洞悉還有什麼情緒潛伏於內心。即使我們參與社會與政治活動來改變自己的命運，也不保證會成功；我們必須繼續生活在未知、充滿疑慮與片面的知識之中。此外，唯物主義的焦慮概念，與對死亡的焦慮或對虛無的恐懼在存在主義治療中的中心地位並不衝突，因為人們的經濟焦慮總是以這兩種形式出現；我們擔心失去收入，其實是在恐懼如果沒有貨幣作為盔甲，自己就無法抵擋世界的侮辱。我們會因為「經濟現實」的召喚而打消哲學上的顧慮：「如果我們都有生活收入、買得起房子也負擔得起醫療費用，就不會感到焦慮了。」但是，即便是那些擁有舒適的房子、付得起每次要價兩

焦慮的意義　232

百五十美元的心理諮商的醫療保險,也供養得起孩子就讀常春藤名校的人們,也會受嚴重的焦慮所苦。如佛陀所示,即使得到了所有的物質利益,我們仍無法擺脫存在的焦慮——即使我們為後代創造了一個更美好的世界、讓自己的生活變得更有意義,並因此作為他們最好的榜樣以幫助他們與專屬的焦慮共存,也是如此。

對抗與面對焦慮,需要接受事實、採取行動與深思熟慮,這些實踐若能完美結合,便會是與焦慮共存的良方。

第七章

與焦慮共存

焦慮暗示著我們的人生充滿了勇氣,勝過史詩戰爭中的戰士。

- 走上與焦慮共處之途
- 擁有自己的焦慮
- 透過認識焦慮成為更好的人
- 面對未知、探索自我

走上與焦慮共處之途

焦慮向我們表明，生活是一連串（有限）的可怕情況：我們在暴風雨肆虐的大海中漂流，慌亂中被拉到了一條船上，好不容易靠岸後，我們在那片土地上遭遇懷有敵意的動物，費了一番功夫制服牠們之後，又發現有一艘嗜血如命的海盜船逼近。我們心驚膽顫、惶惶不安；解除危機後，我們鬆了一口氣，接著面臨新的恐懼；這就是我們在生活中的處境，焦慮是我們始終不變、無法逃避的同伴。如果能明白這一點，你已經踏上了與焦慮共處的道路了⋯你必須朝著這個方向前進。這個觀點與認知行為治療及接納與承諾療法（acceptance-commitment therapy）的基礎形成了關鍵的共鳴──這種現代心理治療的技巧強調人們應該持續不斷面對最深層的恐懼，認為藉此學習與焦慮共存是比較好的方式。除此之外，如果我們承認焦慮是不可避免的情緒，便能夠省下與之對抗的時間，平靜地等待焦慮的浪潮來襲；熟悉它，會是緩解它的最佳途徑。我們除了存在的苦痛（「第一支箭」）之外，可能還

會對焦慮感到焦慮（「第二支箭」）；但我們的負擔原本就已經夠沉重了。了解自己永遠擺脫不了焦慮的同時，我們也會以同情心與同理心來看待其他人；面對不受生活環境影響的焦慮，我們更應該發揮同情心：在存在主義的領域裡，世上最富有、最具權勢的人也跟我們一樣會感到焦慮；他們靠權力與財富來獲取舒適的生活，但無法緩解自己對虛無、死亡、痛失所愛、擔憂子孫命運或做出「錯誤」決定的恐懼。看到那些照理說來比我們幸運的人們也面臨這般處境，我們應該對自己擁有的一切感到滿足。

在承認與接受焦慮必然會出現、並且與焦慮共存的過程中，我們更能夠了解自己是誰與是什麼樣的人。如果我們願意靜下心來面對焦慮，或許會發現它反映了我們在人生中最重要的決定、最私密且深刻的承諾與價值觀，以及產生初步情緒並辨別具體恐懼的轉捩點。精神分析指出，焦慮是自我的許多部分向我們傳遞的訊息；我們應該傾聽（也許還有解決）內心經常發生衝突的不同自我想對彼此說的話。假如你發現自己儘管焦慮不安仍堅持完成一項工作，便上了重要的一課，了解那項工

作在你心中具有什麼樣的價值與重要性。如果說焦慮是一種覺知，那麼它讓我們能夠去做、去完成某件事情；它也可能促使我們寫下自己的焦慮、處理一段缺乏安全感的關係，或者在自己有所不足的任何方面（無論道德或智識上）努力「精進」或「改善」自己。當然，我們不該期望在自己與生活改變的同時，焦慮會保持不變；如果仔細留意焦慮的本質、表現與感受，便能追蹤自我與自我「價值觀」的變化。焦慮是一個獨特的焦慮不是單一的；個體的各種焦慮構成了其本身的所有補類。①焦慮是一個獨特的套裝，適用於特定的時間、地點、情況與意涵。想了解自己，往往也必須了解自己專屬的獨特焦慮，以及那些焦慮如何跟我們一樣，在局限的共舞空間裡改變與形變。

在努力與焦慮共存的過程中，我們需要認識那些引發焦慮的文化與意識形態，了解我們如果內化了家庭、社會與文化對於「快樂生活」的提倡或使人內疚的勸告，會對自我造成什麼樣的傷害。1「人生苦短，但願我們能在深思熟慮後巧妙分配有限的時間，履行自己對道德、家庭與智識的承諾，但我們的文化在這一點上施加

焦慮的意義　238

了巨大的壓力，認為我們每分每秒都必須滿足意識形態變化、用於評估效率與時間消耗的基準。在度假時、工作上、休閒活動上與週間追求完美的一天的壓力愈來愈大；我們——在社群媒體上——清楚看到，自己的生活與我們設想朋友擁有的理想生活相差甚遠。一種惶恐在內心滋長、潰爛，充滿痛苦的內疚：我的生活不是「最好」（甚至值得活）的；我的工作不是最能帶來成就感的；我的空間時間沒有得到最妥善的利用；我的孩子在心智與才能方面不會是同齡中最早熟的。當我們的心中充斥著這些對於愧疚、意義與目的的焦慮，就預示了存在的失敗。彷彿我們的生活必須獲得（數位的）一定程度的認可與贊同，才能確保自己做了正確的選擇。焦慮是我們對虛構的要求所做的回應，事實上這些要求是一種令人生畏的命令，規定我們必須按照既定的規範標準過生活，只要完成了「最基本的」事情、做到「最

① 補類（complement）：所有的類都有一個相應的補類，即所有不屬於一個類的東西之匯集，例如，人類的補類包含除了人之外的所有東西。

好」，沒有遺漏「必要」或「必看的」，便能擁有理想的生活及其所有樂趣。我們在必須做的事情上尋求指示；如果不按照指引——宗教或道德文本、或企業手冊——所述的方式去做，就會錯失正確的生活，錯過別人精心安排並向我們展示的美麗風景。關於這個存在的全貌，有一些正確的部分、一些適當或最好的觀點，而我們必須努力去獲得。我們不斷被提醒，最大的罪惡是不去過「正確的生活」；如果不遵循注重效率的實用指引來踏出每一步與進行每一次的嘗試，就是在浪費生命。我們具有才能，擁有有限的時間；萬事皆有可能；一切都可能屬於我們：只要我們以正確的方式過生活。我們知道與這些壓迫性的靈丹妙藥相對的論點，但就是無法認同並接受那些觀點；從眾心理與意識形態打敗了我們。我們給迷惘者太多的批評指教；或許我們應該像尼采勸告的那樣，對那些令人「良心不安」、懷抱著充滿內疚與焦慮的人生觀的道德指引與人生計畫，抱持更多的懷疑；或許，我們應該接受不確定性與沒有真正活過的可能性？

當然，根深柢固的文化規範承諾帶領人們通往幸福的道路：接受對的教育，擁

有對的工作與物質滿足，找到對的另一半，養育符合社會成功與成就標準的孩子等等。當我們意識到這些傳統的路徑行不通，在人生指引上承受的規範壓力與我們實際從中獲得的滿足感不一致時，我們與這個世界之間便會形成一種失範②的關係，對它的安排與命令、以及它強加給我們的生活產生深刻的存在不滿。我們的自我指導是接受、沒有一定必要的解決方案，沒有所謂正確的道路，並且滿足於各種不同的觀點與「生活解決方案」。[2] 偉大的中國哲學家莊子透過令人眼花繚亂、不著邊際的哲學詩詞，敦促人們與這個世界的要求保持如此這般的諷刺距離；我們必須學會超然地面對世界的誘惑與陷阱。人性存在於我們對自己是誰與可能成為誰的認知之間的差距；這齣人生之戲有一個顯著的陰影與特徵，那就是對於自己是否會在跨越這道鴻溝的途中迷失方向而感到焦慮。多元論的人生觀使我們相信，除了自己走

② 失範（Anomie）：或譯「失序」，指在現代化進程中，面對社會劇變，人們長期堅守的價值觀和社會規範隨之動搖、甚至崩解，從而導致人們心理迷失方向、價值觀混亂的失序狀態。

241　第七章　與焦慮共存

出來的路以外，沒有其他路會讓人迷失，因為即使我們取得了受到文化與社會認可的成就，達到外界所規定的里程碑，焦慮也會常駐於心中。成功無法使我們免於焦慮；它只是讓我們可以從不同的有利角度去經驗焦慮。「成功者」的焦慮與尚在努力的人們或「失敗者」的焦慮所形成的對比可以帶來幫助，但這無論如何都無法改變焦慮的存在。

所謂的「生活問題」——或者更符合現代的說法，「生活壓力來源」——無疑是劇烈焦慮的表現。無論生活中發生了什麼大小事，我們都會經歷存在的焦慮（實際上，正如存在主義的敏感度所保證的那樣，生活中沒有、也不可能存在所謂「不重要」的決定）：轉換大學主修科系、離婚、移居他國、換工作、打疫苗、選擇職業或人生道路。這些決定會引發焦慮，迫使我們做出承諾、接受最終的決定，而這些決定排除了其他的選擇、路徑與退路；[3] 它們迫使我們估量生命的悲劇意識，以致我們經常面臨兩難的處境，不得不在兩個同樣珍貴的價值觀之間做出無可挽回的抉擇。我們在道德的困境中尤其如此，當這呈現得像是一道謎題時，會讓人以為正

確的答案有待發現或推算。不幸的是，人生沒有正確的答案；你會犯下一些「錯誤」，並被迫陷入焦慮的悲慘境地。[4]因此，沒有比遇到岔路更可怕的事了：不管選擇哪個方向，都會面臨未知的恐懼、認知失調的悲痛，以及後悔莫及的遺憾。

生活中的困境無窮無盡，它誘惑著我們，使我們陷入恐懼與狂喜的可能性。我們就像一隻困惑又害怕做出決定的布里丹之驢[③]，[5]無止境且焦慮地在選擇的兩極之間搖擺不定，深陷於停滯與未成形的恐懼之中。阿根廷作家波赫士（Jorge Borges）在其著名的短篇小說中所指的「歧路花園」（garden of forking paths）[6]，是一座名副其實的焦慮森林，因為它讓人們面臨無數的選擇，每個選擇都有部分是可見與可理解的；過多的可能性導致我們對自由感到麻木，尤其是在我們缺乏指引、沒有一份詳細標明每條岔路的地圖就無法前進的時候。由於未來永遠都會是這

---

③ 布里丹之驢（Buridan's ass）：典故出自一個思想實驗，一隻小毛驢在兩個選擇之間猶豫不決，最後活活餓死。後以法國哲學家布里丹的名字命名，以「布里丹之驢」來指稱過於理性思考而做出不理性行為的人。

樣一座花園，因此我們的焦慮沒有終止的一天；即使在我們臨終之際，我們自己或所愛的人仍然需要做出決定：要使用這種藥？還是選擇別的藥？要繼續治療還是停止治療？以生活品質為優先？還是延長存活的日子要緊？應該把錢花在昂貴的治療上嗎？我要將遺產留給誰呢？我死的時候要排斥誰、清楚表明我對他們的不滿？

關於焦慮在傳統上理解的「人生問題」占有中心地位，所謂的「中年危機」就是一個例子，從其提出的問題可知這是一種對意義與責任的嚴重焦慮，並且呼應田立克的焦慮分類法[7]⋯⋯就這樣嗎？我的生活「值得了」嗎？我有活出「正確」的生活嗎？我做了許多決定，看看它們把我帶到哪裡？為什麼當初我沒有做出其他決定？時間不多了，我必須滿足哪些欲望呢？在最深刻的程度上，中年危機是一種對經歷過與選擇不去經歷的生活、以及尚未來臨的生活產生的焦慮。針對這個問題的處方，就是解決焦慮的方法：我們應該持續進行創造與沉思，從事永無止境、沒有明確目標或終點的「無界」計畫，譬如彈吉他、享受彈奏的樂趣，而不是為了有朝一日能在卡內基音樂廳表演而學吉他；我們應該致力於社會性與更大規模、從事期

焦慮的意義　244

間超出我們一生的理想；我們應該讓自身的創造力在我們與廣闊世界的接觸中綻放；我們應該真誠經營與家人朋友的關係，珍惜與他們共度的時光，將其視為**出現在生活中卓越的存在益處，而我們應該盡可能擴大這些益處**；即使面對恐懼，我們也應該做個好榜樣，為所愛的人示範如何好好過生活與善終。8 如果說生活是一段「有目的旅程」，那麼我們會對「終點」、「錯誤的目的地」、「未能走完旅程」或「走錯岔路而迷路」感到焦慮；但是，如果生活是一段「只能向前走」的旅程，我們可能會因為充分認識到下一個轉角可能潛伏著難以想像的恐怖而退縮不前。正如佛陀所訓誡，所謂的計畫或以完成願望清單為目標的人生存在著失敗的標誌；倘若未能完成計畫，你就會感到悲傷、內疚並且自我鞭答，而成功完成計畫之後，又會感到無聊與疑惑，馬不停蹄地尋找下一個待完成的計畫，9 並且因為尚未實現所有願望而感到焦慮。

擁有自己的焦慮

一個人能夠在不「失去」自我的情況下「治癒」焦慮嗎？這個看似荒謬的問題捕捉了人類本能的感覺，即我——我的自我——是複雜的物理、概念與情感構造；一個軀體，一套信念，多種相互關聯的情感；改變焦慮，就能夠改變自己；你不可能改變一件事而不影響其他所有事情，因為我「擁有」我的焦慮，這是我獨特個性與「作風」的一部分；[10]它驅使我踏出每一步，激勵我做出每一個決定。那些服用抗精神病藥物的人們經常會發現自己有「某些部分」的個性「消失」了，使他們的朋友、甚至他們本身都認不得自己；不是所有人都能接受這種有利也有弊的解決方法。[11]這種焦慮促使我追求哲學、從事健行與登山，促使我自從寶貝女兒出生，自從我決心與她的母親結為終身伴侶之後，便重新安排自己的生活：假如沒有這種焦慮，我不會有機會認清自己。焦慮使我在這個世界上的存在成為一個獨一無二的面向；焦慮使我「在世界上的存在」獨具一格。

然而，如果焦慮是存在的一部分，如果我們永遠無法擺脫它，那為什麼不仁慈一點，直接服用抗精神病藥物來結束這種痛苦呢？在治療焦慮與其他精神疾病的藥物方中，有什麼東西遺失了？最古老的反藥物治療主張宣稱，藥物會阻斷人們與任何引發焦慮的問題的接觸——也就是說，藥物會妨礙本書所倡導的內省。但是，那種指引我們應該「什麼都不做，安然度過焦慮」的建議，似乎令人反感並具有誤導性，不夠體諒那些選擇服用藥物或遭遇生命中最可怕的焦慮發作的精神病患所承受的痛苦。我不希望小看心理焦慮症患者所經歷的劇烈磨難，也無意將焦慮浪漫化、不食人間煙火地歌詠焦慮之美，詩情畫意地描述痛苦的病癥。然而，即便是那些尋求藥物治療並得到緩解的患者，也需要思考存在的焦慮，因為這種焦慮會持續存在，並確保個體在往後的人生中面臨恐懼。焦慮是最平凡普通的事物，是人類生氣勃勃的靈魂。因此，我們也應該充滿活力地對待它、與它共存。

有時，你可能需要抗精神病藥物來幫助你與焦慮共存；有時藥物治療讓我們得以研究「心理問題」，而這些問題如今已有了更明確的定義與輪廓。然而，我目前

247　第七章　與焦慮共存

還沒聽過有人說，藥物治癒了他們的焦慮，不過服藥確實讓他們比較能夠忍受焦慮的來襲，使他們即使沒有獲得「高成就」，也能「正常過生活」。如果服用抗焦慮藥物的人沒有喪失行為能力，並且能夠完成那些需要注意力與勞動的基本工作（無論在個人生活或職場上），那麼這種藥物就是「有效的」。這些服用藥物的人們重新融入家庭與社會，恢復正常的生活。

當然，藥物治療的這種功能引起人們的懷疑，即抗焦慮藥物與其過度開藥支持「繼續工作」的意識形態，對那些在令人困惑與迷惘的世界中努力前進的勞工、父母、孩子與年輕人所面臨的真實存在主義危機毫無同情心。這些服用藥物的人並沒有就此擺脫焦慮：他們仍會擔心自己或所愛的人死亡，或是對隱蔽了各種悲慘遭遇的未知感到恐懼。他們將免不了因為自己對存在的事實，對時間、有限與自我意識這三個存在的要素做出回應而產生的痛苦；因此，我們建立了一個人造的世界。那些人的焦慮已從一種病徵變成了人人都有的「配額」。我們仍然需要哲學的內省來幫助我們理解，為什麼抗焦慮藥物能在一些生理上已做好準備的病例中發揮作用，

焦慮的意義　　248

而未能在另一些病例中如此，以及為什麼這種藥物無法使其他病例有更大程度的好轉。更重要的是，僅僅因為我們可以改變自身思想的生物結構，並不代表思想失去了意義。我們仍然需要哲學反思來幫助我們理解這些想法帶來的焦慮並與之共存。

抗精神病藥物也有成本：[12]其費用通常十分高昂；具有許多令人困惑且往往使人惶恐的副作用；不斷更換藥物所致的嚴重創傷在那些服藥的病患身上明顯可見，他們似乎一直都在調整藥物的劑量與組合，並且抱怨藥效逐漸減退；以及服藥造成的各種長期影響，而有關這方面的認識與研究至今依然相當有限；此外還有停藥導致的嚴重問題。抗精神病藥物的使用會引發另一種焦慮反應，而這與其承諾帶來的療效有關：我吃的藥有效嗎？為什麼我吃了藥沒有馬上好轉？為什麼藥效變弱了？這種神奇的化學藥物不管用的話，我是不是就沒救了？未來我停藥後，可以當個正常人嗎？我要對親朋好友隱瞞服藥的事嗎？別人知道我在吃這種藥，會不會認為我很軟弱？（不同的人生階段確實會影響人們經驗的焦慮與尋求的補救措施；青少年對往後人生的預期，中年人對已過去的生活、以及未來數十年將承受的痛苦與磨難

的焦慮,都對服藥的經驗造成了重大影響。有人認為所謂的「快速緩解」藥物對中年人比較有吸引力,但從美國青少年心理健康危機來看未必如此。)

就目前的情況而言,人類的過度用藥文化已經改變了「焦慮症」的基本定義;如今,這被解讀成了「需要吃抗焦慮藥物的病痛」。無論生物化學結構與心理健康及疾病之間存在什麼樣的關係,它都比目前的精神病學與醫療方式所知道的更為複雜,並且讓認知干預與社會心理研究有更多介入的空間。至少,關於是否使用藥物治療焦慮的決定,應該比人類文化中的決定更加注重細節。種種因素使抗精神病藥物成了人們面對焦慮時最直覺的社會與文化反應:唯物主義的心理模型在智識與學術上的突出地位(其支持仰賴迅速進行藥物介入的心理健康醫療化概念);人們面對自己深愛且在乎的親友的「心理問題」時,反覆產生的社交尷尬與焦慮;藥理精神病學的文化定位與根深柢固;現代社會對於利用可得、有效率且具生產力的勞動力來促進工業發展的迫切關注。許多抗焦慮藥物也能提高工作產能;不論是就讀學費昂貴的私立大學學生、為企業效力的律師、投資銀行家、努力取得終身職資格的

焦慮的意義　250

學者或日間交易員，全都「吞下注意力不足過動症（ADHD）的藥物」，好讓自己能夠熬夜念書以取得高分、在最後期限之前完成繁重的工作或確保生意源源不絕。但是，我們察覺到，我們的家人、朋友與孩子都吃下太多的藥物，文化壓力與經濟困境讓我們幾乎沒有時間去了解自己，因為我們忙著上班下班、回家帶孩子與看醫生；我們沒有停下腳步好好檢視自己的生活，道德與精神方面根本的焦慮一如以往。（愈來愈多人意識到，迷幻藥可望幫助患者擺脫在文化期望下被迫透過醫療與物質來解決心理健康問題的方式，這推動了精神病學與文化領域的新「迷幻革命」。）

重要的是，如果心中的渴望引發內疚，進而使我們感到焦慮（因為那些欲望為社會、家庭或職場所禁止），那麼透過藥物來治療焦慮，會是幫助我們放棄這些欲望並尋求尊重的一種方式；如果我們被迫壓抑自己的欲望，為了掩蓋欲望而不斷偽裝自己，便可能會產生焦慮。這些欲望不限於性方面；它們也有可能表明個體不希望受到預先建立的生活規範所束縛：自我放逐的宗教團體成員或選擇退出組織的人

251　第七章　與焦慮共存

正是基於這種根本性的渴望而採取行動。對焦慮的否認——不去感受焦慮的這種渴望——顯露出一種深刻、甚或是更加焦慮的反應；透過藥物來治療焦慮的作法可能會導致個體的抗拒，佛洛伊德指出，這種抗拒源自於個體害怕發現自己是誰、具有什麼樣的渴望、懷抱什麼樣的怨恨與內心充滿什麼樣的罪惡感。破除偶像崇拜從來都不是一件容易的事。

因此，如果我們仔細思考焦慮，可能會在政治與道德上遇到問題，擾亂與破壞本身的社會與個人關係。我們可能會意識到，所處的文化及其對「美好生活」的提倡對我們造成了傷害；社會的安排壓迫與疏離了我們，使個人生活變得空洞而不勝其擾；國家與全球政治充斥著惡意的言論與實際的暴力；長久以來，人們一直在有毒的男子氣概或女性氣質受限的壓力下獨自處理個人創傷；為了回應世界的要求，人們一次又一次的自我批評與厭惡；我們生活的這片土地，有太多人淪為無家可歸與罹患精神疾病，散布於城市的各個角落。藥物治療有可能讓人對這些可怕的現實感到麻木，而不會感受到畏懼與隨之而來的憤怒，這種憤

焦慮的意義　252

怒具有相當大的政治與道德效價（valence）。我們的用藥狀態可能正合當權者的心意，以使我們保持安靜與順從，好讓社會與政治安排及其相關的支配與服從之權力關係保持穩定。思考焦慮，或許是一條理解自我的道路，也是一條充分理解世界及其安排與我們之間關係的道路；之後，它可能會成為社會、道德與文化方面一股分裂性的力量。長期以來，社交娛樂與各種責任所致的麻痺與注意力分散的效果，為人們建立了一種防衛機制以抵抗破壞性的焦慮。但是，受到壓抑的焦慮會以神經質的形式來表現；這個社會不允許我們去經驗與理解焦慮，反而可能會助長我們的神經質傾向。

也許焦慮——正因為它讓人們有自我發現、再概念化與自我建構的空間，或者為改變世界的行動主義帶來了機會——不應該被藥物消滅。（法國哲學家布萊斯・帕斯卡〔Blaise Pascal〕老早就指出，人們靠「轉移注意力」來逃避「對自我的思考」。）[13] 但是，病態的焦慮呢？這種所謂的廣泛性焦慮症是一種恐慌發作，會使人喪失行為能力，許多患者因此殘廢，生活幾乎無法自理。這些類型的焦慮與我試

圖描述與解讀的焦慮之間的界限在哪裡?從前面章節所討論的觀點來看,無論是佛教、存在主義或唯物主義,人們受物質所影響的各種焦慮,都是因為不適應死亡、虛無、無意義與荒謬等存在的考量而產生的反應;**物質的安排加深了既有的存在痛苦**。從這樣的哲學角度來看,我們獨一無二的精神錯亂是有意識與無意識的防禦機制相互作用所致,這些機制有助於我們抵抗保羅‧田立克在精湛的論述中總結的三種基本的存在焦慮。14 前述的存在焦慮**可能會**導致複雜的精神障礙,其表現取決於個體的生理與心理經歷;我們應該考慮這樣一種可能性,就如支持存在主義的諮商心理師、哲學家與神學家所宣揚的,存在的焦慮、苦與死亡焦慮,是所有與焦慮相關的恐懼症與障礙的根本基礎。因此,世俗的焦慮使人變得神經質與失去行為能力時,藥物治療是必要且可行的——這種區別甚至可見於齊克果這樣的存在主義哲學家身上——但認為心理健康在於無憂無慮,是一種「不合邏輯的信念」。15 至少有一種焦慮會持續存在;就如佛洛伊德與唯物主義的焦慮理論所保證的那樣,除非我們從根本上改變這個世界與社會,否則其他類型的焦慮也將如此。

焦慮的意義 254

透過認識焦慮成為更好的人

佛陀認為，所謂的永恆、不朽與不變的自我，是不斷變化的感知、思想與意象的動態組合；我們本身也是各種焦慮的組合。如果檢視這些焦慮（看看是什麼讓我們感到煩惱與焦慮），我們就能逐漸了解自己是誰。焦慮提醒了我們，自我比我們想像的還要分散與混亂，自我的不同組成在體內四處流轉時，我們需要捕捉更多零碎的部分。如果我們「非得經由情緒反應才能洞悉世界的本質，進而了解」這個世界，[16] 生活就會籠罩在焦慮之下；若想學會與焦慮共存，就得改變我們所處世界的本質。

我是一個焦慮的人；我以焦慮來回應這個世界的餽贈。對這一點的認識，使我成為一個更好的人；透過了解自己的焦慮，我對我的生活、熱情、承諾與最深的恐懼有了深刻的自我認識。因此，撰寫有關焦慮的書籍時，我必須沉迷於自傳。舉例來說，我在寫作本書的期間不出所料地打從心底感到焦慮。我將焦慮與寫作這兩件

事連結在一起，使它們密不可分；我總是緊張地回到書桌前，然後又匆匆起身離開；我會不停在網路上或其他地方尋找可以讓自己分心的東西；因為擔心生不出流暢通順的草稿而一拖再拖；始終不滿意自己寫出來的內容；無情批判與質疑自己寫在紙上的一字一句。然而，對寫作的焦慮，讓我知道寫作是我重視的一件事，讓我知道如果這件事失敗了，其他事也做不了。如果沒有這種獨特的焦慮，我不會成為作家；我也不會是一位父親、丈夫、朋友、教授、登山家與哲學諮商師。

因此，焦慮造成的精神負擔，會被其促成的自我認識所抵消；經驗焦慮，就是體驗正在形成的社會性自我，以及隨之而來的文化與道德責任。當我們經歷並努力克服不一致（因必須決定選擇或放棄的焦慮而起），伴隨的衝突與自我反省也會大幅增進對自我的認識。生活在現象學與焦慮的感受經驗之中，有意識地體會並審視這些經歷，可以讓你深入研究自我；如齊克果所主張，焦慮是針對自我的一所「學校」；這樣的學習場所往往要求你檢視自我、殘酷地考驗自己的極限。因為焦慮，我開始了解為什麼自己是一個哲學家，為什麼我會秉持特定的觀點，為什麼我不相

焦慮的意義　256

信人生有一個固有、基本的意義或目的，不相信世上有一個等著被挖掘的最終真理。我的焦慮作為一種情緒與感受，與得來不易的認識緊密相連，這種認識與世界不斷變化的本質有關，經常與人類的計畫、意圖、依附或人際關係產生衝突。既然如此，為什麼要偏袒某些據稱合乎邏輯的推論呢？推論與實現的過程是先接收新的輸入、形成新的信念，然後做出新的推論；我們會迫於焦慮而為一連串的想法下結論、不斷前進，直到面對那引發焦慮的真相為止。

焦慮讓我知道，我仍感受得到；它深深提醒著我，我活在世界上，我能夠做出回應以及感到焦慮。我對自己的家庭、妻子、女兒所感到的焦慮讓我知道，我將全部的注意力都放在他們的自我；它們讓我知道，有一種說法是荒謬可笑的，那就是人是孤立的存有，其界限最遠只到指尖，僅止於皮膚表面；它們讓我知道，我的自我是什麼。也因為如此，焦慮讓我知道了我是誰。

257　第七章　與焦慮共存

面對未知、探索自我

哲學表達了人們最深層的焦慮，探討了一些最困難的問題，其中有一些問題令人備感焦慮，因為面對那些問題時，我們以人類的限制來解釋它們的不可解。假如我們能夠解答那些問題，就不會是人類了；我們會是另一種存在，因為當前的存在困境是我們身為人類的標誌。**不會感到焦慮，就等於不具有人性**，因為我們能夠知道一切，不會失去任何東西，不會恐懼一再失去，也不會面臨虛無的最終結果。倘若沒有意識到這些，我們仍然會受焦慮所折磨。因此，哲學思辨是我們永遠都在從事的一項活動，因為我們一直都試圖從無法治癒的存在之病中痊癒，我們尋求的不是治療，而是緩解焦慮的對策，方法是轉移自己的注意力、遵循某些教義與學說、反躬自省，以及沉浸於愛與創造意義的活動中。

古老的沉思哲學傳統——無論東方或西方——都帶來了兩種靈修實踐，而後代

治療焦慮的處方都具有這個元素。第一種靈修「旨在關注當下」，因為「只有當下才是幸福」。其用意顯而易見：它讓我們不去想未來的未定結果與不確定性，而是活在當下，這緩解了我們的焦慮，因為我們對未知與不可知之事不感興趣。這種精神也明顯類似於我們應該將活在這個世界上的時間用來從事「無界」計畫的建議。若想具體實踐「活在當下」這件事，應該持之以恆地進行冥想與正念練習，每天花時間專注於內在的靜默與沉思，學習如何不受情緒左右，而是理性觀察與認知，以更適當地處理情緒（實證心理學領域稱之為「後設認知意識」）。這項任務需要嚴格的自律與承諾，堅定地建立與實行冥想的儀式，或者努力在工作與娛樂中達到「心流」的境界，透過跑步、健行、登山、演奏音樂、創作藝術、沉浸於自願善行等等，而這些沉思活動都鼓勵我們將目光從自私與總是獎勵、責備、誇大及怪罪自己的自我中心移開，向外且「無私」地注視自我。當我們冥想時，讓自己以第一人稱的視角研究自己的意識，就是讓自己去感受焦慮；那些焦慮湧入了我們敞開的內心，提醒我們小心可能會大出差錯的所有事情；它們的強烈沖刷簡直要打亂我

們平靜沉思的心境。然而，在沉思的同時，我們也可以審視野獸的本性，認知它其實是可以被檢視與放棄的一連串想法。如佛陀所示，冥想與保持正念，就是在理解內心如何運作，以及它如何創造了我們的精神世界。這種實踐的目標是努力成為內心的主人，而不是人質。

第二種靈修要求我們透過學習與自省來「居高臨下」地看待世界，從「個體性與特殊性」提升至「普遍性與客觀性」。[21]人們總愛將此通稱為「考量大局」。我接受了這個忠告，努力尋找制高點與有利的角度，看到世界的全貌與自己的渺小，並且意識到時間的流逝、以及其將在我離開人世時繼續如此；與永恆的相遇安撫我的不安，使我遠離了向來以自我為中心的專注。廣泛而言，如果我們將注意力轉移到對於美的沉思，轉而關注不屬於自己的計畫，便能達到「無私」，將注意力從對自我的執著移開。事實上，我們愈關注外在事物或原因，就愈不容易對自我產生擔憂；這是一種忘卻自我的美德，將目光轉向自己以外的其他事物，震懾於其特殊性與因此產生的美麗，自身的憂慮就會消失。從這些有利的角度出發，我們也能理解

焦慮的意義　260

自己的生活與其他各式各樣的人類及社會組合結構之間的關係——這些組合與結構圍繞、支持、有時也壓迫著我們。從這個居高臨下但又理智務實的角度來看，我們會注意到，自己並不是孤身一人在不幸與焦慮的島嶼上，這種深刻的慰藉可以促發同情與同理心；重點是，我們會注意到，除了幸福、成功與無憂無慮的狀態之外，人生還有其他的果實，那就是複雜的事物、困難與挑戰。從這個角度出發，我們也會注意到自己的焦慮與其他部分的自我之間的關係；如同藝術家意識到創作靈感源於自己對世事的多愁善感，我們會意識到自己的焦慮狀態不可或缺，正是因為焦慮，我們才會經歷那些「富有生產力」、「創造力豐富」、「敏感細膩」——或最好的是——「關愛他人」的狀態。（關於後者，母親無可救藥、卻又充滿愛意地對子女往後的命運深感焦慮，就是一個例子。）這種獨特的關注在那些細究其所傳達的普世真理的偉大文學與哲學作品中最為明顯，它提醒了我們，即使我們本身的焦慮獨一無二，但人人都會感到焦慮。因此，「關注當下，並且將自己提升至客觀角度」[22]，也許就能經由自我認識與同理心來達到對「個體焦慮」[23]的掌控——尤

其是在個人正陷入焦慮的情況。由這種經過昇華的觀點可知，人生是一件進行中的作品，沒有所謂的不完整或未完成；這種無界的思想是焦慮的解藥，因為它讓我們屏棄了對未實現的既定規範性目標所懷抱的憂慮與畏懼。如佛陀所示，在了解生命不斷變化的本質時，我們不會對其無法給予的東西抱有期待；我們不會蔑視它的祝福，在一直以來被灌輸應該全然奉獻於自我的意識形態下對人生抱持一種貧瘠與虛幻的願景。

不同的哲學角度促使我們關注自我的不同面向，以與焦慮共存。佛教力勸人們達成各種形式的無私與發展對世事萬物的同理心，深刻洞察自身的不幸，讓自己得以為世人創造更美好的世界；其敦促人們持續而有紀律地面對並克服內心最深的恐懼；促使人們學習敏銳地聆聽內心的聲音，將情緒與理性思想結合起來。齊克果、尼采與佛洛伊德提出的理論促使人們反思並批判性地審視那些引發內疚、羞恥與內在壓抑的社會與道德規範（人們甘願冒著失去社會地位的風險，試圖效仿齊克果與尼采的論點）；田立克與海德格促使人們徹底且坦白承認自身恐懼的根源，這種對

焦慮的意義　262

死亡的本能恐懼圍繞著人們清醒的每一刻；馬庫色與馬克思驅使我們質疑世界的建構方式及其物質安排。這些全都互有關聯：我們對因社會的規範與道德要求而生的愧疚感產生質疑，或許就能以積極的行動與挑戰性的自我意識來做出回應，進而學習與存在的焦慮共存。我個人對這些哲學指引的回應是，認識其基本的見解，反覆參閱文本，持續將其主張融入自我的概念中。坦然承認死亡的焦慮在生命歷程占有中心地位的這種態度，有助於我接受焦慮會終生伴隨的這個事實，同時，我也在社會與道德層面上備受齊克果與尼采的大膽觀點所鼓舞，並且從唯物主義傳統的尖刻批判中得到力量。我讓自己擺脫了這個世界及其提出的要求，往後也將繼續努力達到這種平衡，直到告別人世為止。

人們經常自我安慰、堅信「國王愛國憂民」的故事，來對抗根本的存在焦慮。[24]古代傳說中，國王會騎馬出巡、視察人民的生活，看看他們在自己的統治下過得是否幸福；他們穿越城鎮街道與成群的百姓時，會停下腳步，從群眾中挑選一個人並予以賞賜；接著邀請這個幸運兒與國王一同乘坐馬車、回到王宮，從此過著

263　第七章　與焦慮共存

安逸的生活。我們相信自己就是那個幸運兒，相信自己在人群中被國王選中；不久後，愛國憂民的國王將召喚我們進宮。我們將不可思議地得以逃避人類不可避免的命運；面對存在的限制，這種自我安慰的神話是站不住腳的。讓自我戒絕這種簡單輕鬆的慰藉（無論是來自世俗的解救或上天的干預），是我們存在的主要責任與承諾，即使這意味著有鑑於死亡的現實或不幸的無可避免，我們必然會遭遇焦慮。對於人們存在處境的焦慮，存在主義者的回應是投入這個世界，「信心的跳躍」（leap of faith），投入上帝的懷抱，或是承擔世界上需要人們參與和承諾的任務——例如改變物質環境的行動主義，這些作為讓我們意識到令人不寒而慄的可能性，那就是假如不採取行動，最終我們可能連遮風避雨的地方、維持生存的食物或禦寒蔽體的衣物都沒有。只要我們意識到自己對他人、陌生人、公民、朋友、所愛的人具有應負與額外的義務，就應該立刻採取行動，抵抗荒謬的焦慮；意義不會自動送上門來，我們必須透過行動與承諾來獲得它。還有什麼領域比政治與個人行動更適合我們行使形上學的自由，來履行我們的義務、改變物質環境與人際關係的基調呢？

焦慮的意義　264

很多時候，我們感到焦慮，是因為缺乏愛情或親情的撫慰；愛承諾能讓人實現幸福的結合、擺脫恐懼、在世界上擁有立身之處、臨終時能獲得慰藉、得到接納，以及——最原始的安慰——將住進一個實際上或比喻上的家。佛洛伊德的精神分析對這種體驗的渴望——同樣原始的「海洋般廣闊的感受」（oceanic feeling）——著墨甚多；焦慮就是我們否定這種慰藉、畏懼這種慰藉遭到剝奪的過去時，所經歷的感受。但是，除了尋找愛之外，同樣重要的是去**認識存在於生命中的愛**；人們經常感到孤獨，是因為沒有意識到自己接收到的愛，於是無法愛人。齊克果指出，「如果愛也成了一種詛咒，它的要求只會讓我們發現沒有任何人值得被愛，而不是認知到它帶來充分的愛、讓每個人都有其可愛之處，豈不更令人悲哀⋯⋯？」[25]

焦慮暗示著我們的人生充滿了勇氣，勝過史詩戰爭中的戰士。我們目不轉睛地盯著最終的災難、否定自己、無可避免地失去所珍視的一切，然後繼續前進。我們總是自認懦弱；焦慮會使人如此描述自我：「在安靜的絕望中垂死掙扎」。[26] 我們的

存在免不了會遭遇災難,生活就是不斷努力對抗外在的侮辱。這種掙扎的結果就是焦慮,而我們唯有繼續前進、理性思考與發揮創造力,才能控制這種焦慮。在我們繼續面對未知的同時,焦慮指明了可行的生命軌跡,我們過著不完美的生活時,新的自我在前方等著我們。我們會一直感到焦慮;這種感受讓我們知道自己具有人性,並且不斷探索自我的可能性。

註腳

第一章　我們的焦慮時代

1. Stossel, *My Age of Anxiety*, 52.
2. Freud, *Problem of Anxiety*, 23.
3. Annas, "Philosophical Therapy"; Cushman, *Therapeia*; Xenakis, *Epictetus: Philosopher-Therapist*; Mace, *Heart and Soul*.
4. 在本書一位匿名審稿人的建議下，我選用了這個詞彙。我在〈焦慮不是一種病〉（Anxiety Isn't a Pathology）一文中詳述了這個觀點。
5. Stossel, *My Age of Anxiety*, 52.
6. Beck and Emery, *Anxiety Disorders and Phobias*. 現代心理治療技巧「接納與承諾療法」（ACT）也受到斯多葛哲學的啟發：Hayes, "Acceptance and Commitment Therapy."
7. Marguia and Diaz, "Philosophical Foundations of Cognitive Behavioral Therapy."
8. Van Dis et al., "Long-Term Outcomes of Cognitive Behavioral Therapy."
9. Cohen, "Philosophical Counseling."
10. Stossel, *My Age of Anxiety*, 36.
11. William Blake, "Grey Monk," https://romantic-circles.org/editions/poets/texts/greymonk.html, accessed May 2023.

第二章　焦慮的生成與存有

1. Didion, *Year of Magical Thinking*, 4.
2. 印度佛教僧侶與哲學家龍樹（Nagarjuna）是這門佛教學派的先驅，其完整論述可見於〈中道的根本偈句〉（Fundamental Verses of the Middle Way），再版於各種佛教專著。實用的參考來源及評論可見於Garfield, Fundamental Wisdom, 293–321。
3. 以下兩頁擷取自我的文章"Of Therapy and Personal and Academic Anxieties"。
4. May, *Meaning of Anxiety*, 189–90.
5. Freud and Breuer, *Studies in Hysteria*, 305.
6. "I'm Free," written by Mick Jagger and Keith Richards, from the Rolling Stones, *Out of Our Heads* (London Records, 1965). 湯龍樂團（Soup Dragons）在其專輯《愛神》（*Lovegod*）(Big Life, 1990) 翻唱了這首歌曲。
7. Kierkegaard, *Concept of Anxiety*, 19n.
8. Marino, "Anxiety in *The Concept of Anxiety*," 312.
9. 「終極關懷」（ultimate concern）一詞可歸於田立克，*Theology of Culture*, 6–7。

第三章　存在的焦慮

1. Gowans, "Medical Analogies in Buddhist and Hellenistic Thought," 30.
2. Gowans, 30.
3. 關於佛教學說的基本主張之介紹與進一步論述，可見於浩繁的佛教文獻，以下列舉其中幾部著作：Gethin, *Foundations of Buddhism*; De Silva, *Introduction to Buddhist Psychology*; Siderits, *Empty Persons*; Hanh, *Heart of the Buddha's Teaching*; Fronsdal, *Dhammapada*; and Siderits, *Buddhism as Philosophy*.
4. Gowans, "Medical Analogies in Buddhist and Hellenistic Thought," 30.
5. Gowans, 30.
6. Gowans, 30.
7. Gowans, 30.

8. 羅伯特・莫里森（Robert Morrison）在他的《尼采與佛教》（*Nietzsche and Buddhism*）中提出關於這點令人信服的論證。
9. Siderits, *Buddhism as Philosophy*, 19.
10. James, *Varieties of Religious Experience*, 160.
11. Rhys, *Questions of King Milinda*, 40–45. 這段摘錄為兩人完整對話之釋義。
12. Rahula, *What the Buddha Taught*, 30.
13. Rahula, 31.
14. 這是與古希臘斯多葛哲學形成深刻共通性的一個論點。
15. 這強烈呼應了存在主義的傳統，其認同人們應該面對焦慮而非逃避的主張。
16. 這也是斯多葛哲學的基礎。如馬可・奧里略（Marcus Aurelius）所述，「別讓未來困擾你。若這是必然發生之事，你也將以面對當前事物的理性去面對它。」Book 7, meditation 8, in *Meditations*, 106.
17. Chodron, *Comfortable with Uncertainty*, 1.
18. Chodron, 5.
19. Chodron, 7.
20. Chodron, 8.
21. Chodron, 23.
22. Chodron, 45.
23. Pollan, *How to Change Your Mind*.
24. 此處與英國作家梅鐸（Iris Murdoch）提出的「消解自我」（unselfing）概念形成了重要的共鳴，她主張「自我——我們的生活之處——充滿了幻覺。」Murdoch, *Sovereignty of Good*, 91.

第四章　感到焦慮的自由

1. Ludwig Wittgenstein famously remarked, "A philosophical problem has the form: 'I don't know my way about' "; *Philosophical Investigations*, 123.
2. Morstein, "Anxiety and Depression."
3. Kaufmann, *Without Guilt and Justice*, 7–28. 存在主義的思想不只是十九世

紀歐洲的一種現象。其具有時間、空間與文化上的多元性。這裡的「存在主義」並非單指與沙特及西蒙·波娃（Simone Beauvoir）相關的法國運動，也包含其理論先驅，當中最著名的就屬齊克果、尼采與海德格這三位哲學家。

4. 「終極關懷」一詞原出自保羅·田立克，*Courage to Be*, 6–7；這本著作延伸了有關這些擔憂的論述：Yalom, *Existential Psychotherapy*.
5. Kaufmann, *Without Guilt and Justice*.
6. Sartre, "The Humanism of Existentialism," in *Essays in Existentialism*, 36.
7. Sartre, 37.
8. Sartre, 41.
9. Sartre, "Freedom and Responsibility," in *Essays in Existentialism*, 68.
10. Morrison, *Nietzsche and Buddhism*.
11. 《悲劇的誕生》（*The Birth of Tragedy*）的開章淋漓盡致地闡述了這一點。Kaufmann, *Nietzsche, Philosopher, Psychologist, Anti-Christ*. 尼采與此相關的經典作品為《人性，太過人性》（*Human All Too Human*）、《善惡的彼岸》（*Beyond Good and Evil*）、《朝霞》（*Daybreak*）、《查拉圖斯特拉如是說》（*Thus Spake Zarathustra*）、《偶像的黃昏》（*Twilight of the Idols*）及《道德系譜學》（*On The Genealogy of Morals*）；最佳的譯本出自霍林德爾（R. J. Hollingdale）與華特·考夫曼（Walter Kaufmann）之手。近代備受推崇的譯本可參考劍橋大學出版社出版的尼采主要著作。
12. Plato, *The Republic*, Thrasymachus speaking in 344c.
13. 這在尼采的文集中有不同的解讀；《道德系譜學》描述的奴隸起義（slave revolt）討論價值觀的顛覆，弱者的價值觀取代了強者的價值觀；在《權力意志》（*Will to Power*）中，尼采將力量更狹隘地定義為獨立於我們面對的要求之外，是一種在試煉與磨難、在追求偉大目標的過程中，鍛鍊出的自我克服。《善惡的彼岸》則指「高貴靈魂」的力量在於其獨立於傳統道德的要求之外。
14. Nietzsche, "What Is Noble?," chapter 9 of *Beyond Good and Evil*.
15. Nietzsche, "Old and New Tables," section 56 of *Thus Spoke Zarathustra*.

16. Tillich, *Courage to Be*, 47.
17. Tillich, 106.
18. Nietzsche, *Birth of Tragedy*, section 5.
19. Nietzsche, "On the New Idol," in *Thus Spake Zarathustra*, 75–77.
20. 該主張發展自 Nehamas, *Nietzsche: Life as Literature*。
21. Hollingdale, *Nietzsche*; Safranski, *Nietzsche: A Philosophical Biography*.
22. 以下三段擷取自 Samir Chopra, "Nietzsche on the Relief of Mortality," https://samirchopra.com/2020/06/23/nietzsche-on-the-relief-of-mortality/.
23. Nietzsche, *Daybreak*, section 501.
24. Nietzsche, "The Prologue," in *Thus Spake Zarathustra*, 41–42.
25. Nietzsche, *Gay Science*, section 341.
26. 歐內斯特・貝克爾（Ernest Becker）在《死亡否認》（*The Denial of Death*）一書中雄辯滔滔地提出了這一主張。
27. Kierkegaard, *Concept of Anxiety*.
28. Carlisle, *Philosopher of the Heart*; Garff, *Soren Kierkegaard*.
29. 他形容「焦慮」是「基於人類本體論結構而生的一種感情狀態或心情」。Beabout, *Freedom and Its Misuses*, 7.
30. Beabout, 21 (citing Kierkegaard, vol. 1 of *Journals and Papers*, 100).
31. Beabout, *Freedom and Its Misuses*, 45.
32. Beabout, 47.
33. Beabout, 47.
34. Beabout, 48.
35. Beabout, 48.
36. Beabout, 18.
37. Beabout, 19.
38. Marino, "Anxiety in *The Concept of Anxiety*," 319; Beabout, *Freedom and Its Misuses*, 63.
39. Kierkegaard, *Christian Discourses*, 80.
40. Beabout, *Freedom and Its Misuses*, 22.

41. Kierkegaard, *Sickness unto Death*, chapter 2, 55.
42. Beabout, *Freedom and Its Misuses*, 46.
43. Beabout, 47.
44. May, *Meaning of Anxiety*, 44. 本段廣泛引述了這位作者在該書第三十至四十七頁針對齊克果的討論。
45. Nehamas, *Nietzsche: Life as Literature*.
46. Kierkegaard, *Sickness unto Death*.
47. May, *Meaning of Anxiety*, 47.
48. Kierkegaard, *Concept of Anxiety*, 89.
49. May, *Meaning of Anxiety*, 56.
50. May, 58.
51. May, 59.
52. Kierkegaard, *Concept of Anxiety*, 145.
53. Kierkegaard, 146n.
54. May, *Meaning of Anxiety*, 63.
55. Kierkegaard, *Concept of Anxiety*, 189.
56. Kierkegaard, 189.
57. Kierkegaard, 189.
58. 前三段取自Samir Chopra, "Kierkegaard on Being Educated by Possibility (and Anxiety)," https://samirchopra.com/2020/08/28/kierkegaard-on-being-educated-by-possibility-and-anxiety/. 關於可能性與現實之間的關係的討論，出自Kierkegaard, *Concept of Anxiety*, 187–96.
59. Kierkegaard, *Concept of Anxiety*, 141.
60. Kierkegaard, 192.
61. Kierkegaard, 187.
62. Kierkegaard, *Sickness unto Death*, 39.
63. Beabout, *Freedom and Its Misuses*, 59.
64. Kierkegaard, *Concept of Anxiety*, 89.
65. Beabout, *Freedom and Its Misuses*, 62.

66. Beabout, 62.
67. May, *Meaning of Anxiety*, 45.
68. Kierkegaard, *Concept of Anxiety*, 194.
69. Kierkegaard, 52.
70. Tillich, *Courage to Be*, 12. 蘇格拉底的審判、判決與死亡是柏拉圖所著的《對話錄》中《申辯篇》（*Apology*）、《克力同篇》（*Crito*）及《斐多篇》（*Phaedo*）的主題。
71. Tillich, *Courage to Be*, 34.
72. Tillich, 32.
73. Tillich, 37.
74. Tillich, 35.
75. Tillich, 37.
76. Tillich, 38.
77. Tillich, 38.
78. Section headed "Three Types of Anxiety" in the chapter "Being, Non-being, and Anxiety," in Tillich, *Courage to Be*, 38–53.
79. Tillich, 42.
80. Tillich, 165.
81. Tillich, 165.
82. Tillich, 42.
83. Tillich, 36：「預見這些事物帶來的威脅時，令人恐懼的不是它們將帶給意識主體的負面性本身，而是對於這種負面性可能造成的影響所感到的焦慮。」沙特表示：「我不信任自我與自身的反應⋯⋯入伍服役的新兵害怕死亡，但更多時候是『因為害怕而感到害怕』。」摘自 "The Problem of Nothingness," in *Being and Nothingness*, in Sartre, *Essays in Existentialism*, 120。如欲了解沙特所言之意，可以試想一個例子，你害怕溺水，是一種對特定事件的恐懼，但與此相關的是一種無形的焦慮，即你害怕溺水時會感受到的未知恐懼。
84. William Shakespeare, *Hamlet*, act 3, scene 1.

85. 前三段摘取自 Samir Chopra, "Dreams of the 'Undiscovered Country,'" https://samirchopra.com/2014/07/21/dreams-of-the-undiscovered-country/.
86. 海德格代表作《存在與時間》（*Being and Time*，一九二七年出版）中的第四十節針對「憂慮」做了進一步討論；更易於理解的論述可見其文章〈何謂形上學？〉（What Is Metaphysics?）。
87. 想一窺海德格哲學的面貌，參考論理清晰的評注是必要的。請見 Dreyfus, *Being-in-the-World*，初學者可參考 Richardson, *Heidegger*。西蒙・克里奇利（Simon Critchley）在二〇〇九年七月六日於《衛報》（*Guardian*）刊出的文章提出了廣受歡迎的簡要論述：https://www.theguardian.com/commentisfree/belief/2009/jul/06/heidegger-philosophy-being.
88. Magrini, "Anxiety in Heidegger's *Being and Time*"; Whalen, "Anxiety, the Most Revelatory of Moods"; "Lyonhart, Being and Time-less Faith."
89. Bergo, "Evolution and Force."
90. 這是齊克果對「絕望」的狀態所做的敘述，指人們倘若沒有意識到自身的存在責任，就會陷入這種狀態。
91. James, *Pragmatism*, 27.
92. Heidegger, *Being and Time*, 298.
93. 海德格的觀點與田立克的主張不謀而合，後者認為，虛無、存在的痕跡被抹得一乾二淨的威脅是如此極端，以致人們尋求「超越個人」的認同——社會團體、宗教崇拜、政治意識形態、民族主義、政黨——的認同，它們承諾透過「傳統與權威所支持的確信……」來延續我們的身分。當然，現代文明結構也提供了這樣的安全感，讓人們彷彿被關在「監獄」裡。相較於海德格，田立克在此進一步指出了其中牽涉的一種特定社會病態，因為這種「逃避自由」的舉動造成了「狂熱的自我肯定」與偏執，而這些病態可見於人們對推定的異端者施加的「不成比例的暴力」攻擊。Tillich, *Courage to Be*, 46–47.
94. Yalom, 171.

第五章　潛抑、衝突與難以忘懷的創傷

1. 佛洛伊德所著的《焦慮的問題》(*Problem of Anxiety*，原書名為《壓抑、症狀與焦慮》〔*Inhibitions, Symptoms and Anxiety*〕，於一九三六年出版）全面闡述了自己在早期與後期提出的焦慮理論。當中進一步借用了理查・渥爾海姆（Richard Wollheim）在《西格蒙德・佛洛伊德》(*Sigmund Freud*) 一書中對佛洛伊德焦慮理論的簡明扼要的解釋。（第二三九至兩四九頁）。關於精神分析及其理論的詳細介紹可見於佛洛伊德的評注性著作《精神分析五講》(*Five Lectures on Psychoanalysis*) 及更嚴謹的《精神分析引論》(*Introductory Lectures on Psychoanalysis*)。
2. Freud, *Problem of Anxiety*, 19.
3. Freud, *Standard Edition of the Complete Psychological Works*, 3:109, 114, 150–51, 268.
4. 佛洛伊德在臨終前極為悲觀的著作《文明與缺憾》(*Civilization and Its Discontents*) 中針對此論點提出了尤其令人印象深刻的闡述。
5. Malcolm, *Psychoanalysis*.
6. Freud, *Problem of Anxiety*, 21–32.
7. Wollheim, *Sigmund Freud*, 241–45.
8. Freud, "The Finding of an Object," in *Three Essays on the Theory of Sexuality*, 222.
9. Freud, *Problem of Anxiety*, 119.
10. Freud, 75.
11. Freud, 119.

第六章　焦慮與社會生活

1. Tillich, *Courage to Be*, 62.
2. Tillich, 110.
3. Stossel, *My Age of Anxiety*, 303.
4. 一般認為這種言論出自湯瑪斯・愛迪生（Thomas Edison）與狄奧多・羅斯福。

5. Fromm, *Escape from Freedom*.
6. 這或許是英國哲學家湯瑪斯・霍布斯（Thomas Hobbes）最常為人引述的一句話，出自其曠世鉅作《利維坦》（*Leviathan*）：the section "The Incommodities of Such a War" in chapter 8, "Of the Natural Condition of Mankind, as Concerning Their Felicity, and Misery"。
7. Marcuse, "Existentialism," 311.
8. Marcuse, 311.
9. Marcuse, 336.
10. Marcuse, 320.
11. Marcuse, 320.
12. Kramer, *Listening to Prozac*.
13. Marcuse, *One-Dimensional Man*, 237.
14. Fromm, *Marx's Concept of Man*, 95; excerpts from *Manuscripts* are on pp. 93–109, and all subsequent references to Marx are from here.
15. Fromm, *Marx's Concept of Man*, 95–96.
16. Fromm, 96.
17. Fromm, 96.
18. Fromm, 103.

第七章　與焦慮共存

1. 本段引述自Samir Chopra, "The Tyranny of the Tourism Poster," https://samirchopra.com/2012/01/06/the-tyranny-of-the-tourism-poster/.
2. Gunnarsson, "Philosopher as Pathogenic Agent, Patient and Therapist," 180. 本書作者稱這是哲學性憂鬱一種「諷刺的解決辦法」，引述自Rorty, *Contingency, Irony, and Solidarity*。
3. Yalom, *Existential Psychotherapy*, 171.
4. 這是道德心理學的一個重要領域，在這之中，文學比正式的倫理理論更能使人們關注決策在現實生活中造成的後果；文學敘事透過其人物角色悲慘糟糕的生活與命運迫使我們意識到一個事實，即每當我們試圖回答

「我們該做什麼」這個問題的同時，也認清了「我們想成為什麼樣的人」這個無解的謎題。
5. 這個中世紀的自由意志悖論由布里丹提出，描述一頭既飢又渴的驢子因為無法理性地在乾草與飲水這兩個選擇中做出決定，最終飢渴而死。
6. Borges, *Garden of Forking Paths*.
7. Section headed "Three Types of Anxiety" in the chapter "Being, Non-being, and Anxiety," in Tillich, *Courage to Be*, 38–53.
8. Setiya, *Midlife Crisis*.
9. Milgram, *John Stuart Mill and the Meaning of Life*.
10. "One thing is needful—to 'give style' to one's character." Nietzsche, *Gay Science*, section 290.
11. Kramer, *Listening to Prozac*.
12. 喬安娜・蒙克里夫（Joanna Moncrieff）是精神病用藥的知名批評者，也是批判精神病學網絡（Critical Psychiatry Network）的成員之一。她持續不懈透過多本著作全面批評抗精神病藥物的使用：*The Myth of the Chemical Cure, A Straight-Talking Introduction to Psychiatric Drugs*, and *The Bitterest Pills*。
13. Pascal, *Penseés*, chapter 8.
14. Section headed "Three Types of Anxiety" in the chapter "Being, Non-being, and Anxiety," in Tillich, *Courage to Be*, 38–53.
15. May, *Meaning of Anxiety*, xv.
16. Gunnarson, "Philosopher as Pathogenic Agent, Patient and Therapist," 183.
17. Ganeri, "Return to the Self"; Hadot, *Philosophy as a Way of Life*.
18. Hadot, 84.
19. Hadot, 217.
20. Teasdale et al., "Metacognitive Awareness."
21. Hadot, *Philosophy as a Way of Life*, 242.
22. Ganeri, "Return to the Self," 119.
23. Ganeri, 119.

24. 歐文・亞隆（Irvin Yalom）將這種信念稱為「個人的特殊性與不可侵犯性」，屬於「主要的替代否定系統：個人終將得到拯救的信念」的一部分。Yalom, *Existential Psychotherapy*, 129.
25. Kierkegaard, *Works of Love*, 56–57.
26. Pink Floyd, "Time," from *Dark Side of the Moon* (Harvest Records, 1973).

參考書目

Annas, Julia. "Philosophical Therapy, Ancient and Modern." In *Bioethics: Ancient Themes in Contemporary Issues*, edited by Mark G. Kuczewski and Ronald Polansky, 109–27. Cambridge, MA: MIT Press, 2000.

Aurelius, Marcus. *Meditations*. New York: Penguin Classics, 1964.

Beabout, Gregory. *Freedom and Its Misuses: Kierkegaard on Anxiety and Despair*. Milwaukee, WI: Marquette University Press, 1996.

Beck, A. T., and G. Emery. *Anxiety Disorders and Phobias: A Cognitive Perspective*. Cambridge: MA: Basic Books, 1985.

Becker, Ernest. *The Denial of Death*. New York: Free Press, 1997.

Bergo, Bettina. "Evolution and Force: Anxiety in Kierkegaard and Nietzsche." *Southern Journal of Philosophy* 41, no. 2 (Summer 2003): 143–68.

Borges, Jorge Louis. *The Garden of Forking Paths*. New York: Penguin Modern, 2018.

Carlisle, Clare. *Philosopher of the Heart: The Restless Life of Søren Kierkegaard*. New York: Farrar, Strauss and Giroux, 2020.

Chodron, Pema. *Comfortable with Uncertainty*. Boulder, CO: Shambhala, 2002.

Chopra, Samir. "Anxiety Isn't a Pathology. It Drives Us to Push Back the Unknown." *Psyche Magazine*, November 4, 2020. https://psyche.co/ideas/anxiety-isnt-a-pathology-it-drives-us-to-push-back-the-unknown.

Chopra, Samir. "Of Therapy and Personal and Academic Anxieties." https://samirchopra.com/2015/02/27/of-therapy-and-personal-and-academicanxieties/.

Cohen, Elliot D. "Philosophical Counseling: Some Roles of Critical Thinking." In *Essays in Philosophical Counseling*, edited by Ran Lahav and Maria Da Venza Tillmans, 121–32. New York: University Press of America, 1995.

Cushman, Robert Earl. *Therapeia: Plato's Conception of Philosophy*. New York: Routledge, 2001.

De Silva, Padmasiri. *An Introduction to Buddhist Psychology*. London: Palgrave Macmillan, 2005.

Didion, Joan. *The Year of Magical Thinking*. New York: Vintage, 2007.

Dreyfus, Hubert. *Being-in-the-World: A Commentary on Heidegger's "Being and Time," Division I*. Cambridge, MA: MIT Press, 1990.

Freud, Sigmund. *Civilization and Its Discontents*. New York: W. W. Norton, 1989.

Freud, Sigmund. *Five Lectures on Psychoanalysis*. New York: W. W. Norton, 1990.

Freud, Sigmund. *Introductory Lectures on Psychoanalysis*. New York: W. W. Norton, 1989.

Freud, Sigmund. *The Problem of Anxiety*. New York: W. W. Norton, 1963 (originally published as *Inhibitions, Symptoms and Anxiety*, 1936).

Freud, Sigmund. *Standard Edition of the Complete Psychological Works of Sigmund Freud*. Edited by James Strachey. 24 vols. London: Hogarth, 1994.

Freud, Sigmund. *Three Essays on the Theory of Sexuality*. Vol. 7 of *Standard Edition of the Complete Psychological Works of Sigmund Freud*, edited by James Strachey. London: Hogarth, 1994.

Freud, Sigmund, and Josef Breuer. *Studies in Hysteria*. 1895. New York: Penguin Classics, 2004.

Fromm, Erich. *Escape from Freedom*. New York: Holt Paperbacks, 1994.

Fromm, Erich. *Marx's Concept of Man*. New York: Frederick Ungar, 1965.

Garfield Jay, trans. *The Fundamental Wisdom of the Middle Way: Nāgārjuna's Mūlamadhyamakakārikā*. New York: Oxford University Press, 1995.

Fronsdal, Gil. *The Dhammapada: A New Translation of the Buddhist Classic with*

Annotations. Boulder, CO: Shambhala, 2006.

Ganeri, Jonardon. *The Concealed Art of The Soul: Theories of Self and Practices of Truth in Indian Ethics and Epistemology*. Oxford: Clarendon, 2007.

Ganeri, Jonardon. "A Return to the Self: Indians and Greeks on Life as Art and Philosophical Therapy." In "Philosophy as Therapeia," *Royal Institute of Philosophy Supplement* 66 (Cambridge: Cambridge University Press, 2010): 119–36.

Garff, Joakim. *Søren Kierkegaard: A Biography*. Princeton, NJ: Princeton University Press, 2007.

Gethin, Rupert. *The Foundations of Buddhism*. Oxford: Oxford University Press, 1998.

Golomb, Jacob, et al. *Nietzsche and Depth Psychology*. Albany: State University of New York Press, 1999.

Gowans, Christopher W. "Medical Analogies in Buddhist and Hellenistic Thought: Tranquility and Anger." In "Philosophy as Therapeia," *Royal Institute of Philosophy Supplement* 66 (Cambridge: Cambridge University Press, 2010): 11–33.

Gunnarson, Logi. "The Philosopher as Pathogenic Agent, Patient and Therapist: The Case of William James. In "Philosophy as Therapeia," *Royal Institute of Philosophy Supplement* 66 (Cambridge: Cambridge University Press, 2010): 165–86.

Hadot, Pierre. *Philosophy as a Way of Life: Spiritual Exercises from Socrates to Foucault*. Oxford: Blackwell, 1995.

Hanh, Thich Nhat. *The Heart of the Buddha's Teaching: Transforming Suffering into Peace, Joy, and Liberation*. New York: Harmony, 1999.

Hayes, S. C. "Acceptance and Commitment Therapy, Relational Frame Theory, and the Third Wave of Behavioral and Cognitive Therapies." *Behavior Therapy* 35, no. 4 (2004): 639–65.

Heidegger, Martin. *Being and Time*. 1927. New York: Harper and Row, 1962.

Heidegger, Martin. "What Is Metaphysics?" In *Basic Writings*, 89–110. Translated by David F. Krell. San Francisco: Harper ands Row, 1993.

Hollingdale, R. J. *Nietzsche: The Man and His Philosophy*. New York: Cambridge University Press, 2001.

Hutter, Horst. *Shaping the Future: Nietzsche's New Regime of the Soul and Its Ascetic Practices*. Lanham, MD. Lexington Books, 2006.

Hutter, Horst, and Eli Friedland, eds. *Nietzsche's Therapeutic Teaching for Individuals and Culture*. New York: Bloomsbury, 2013.

James, William. *Pragmatism*. New York: Dover, 1995.

James, William. *The Varieties of Religious Experience*. New York: Penguin, 1982.

Kaufmann, Walter. *Nietzsche: Philosopher, Psychologist, Anti-Christ*. Princeton, NJ: Princeton University Press, 2013.

Kaufmann, Walter. *Without Guilt and Justice*. New York: Dell, 1975.

Kierkegaard, Søren. *Christian Discourses*. Princeton, NJ: Princeton University Press, 2009.

Kierkegaard, Søren. *Journals and Papers*. 7 Vols. Edited and translated by Howard and Edna Hong. Bloomington: Indiana University Press, 1967.

Kierkegaard, Søren. *The Concept of Anxiety: A Simple Psychologically Oriented Deliberation in View of the Dogmatic Problem of Hereditary Sin*. New York: W. W. Norton, 2014.

Kierkegaard, Søren. *The Sickness unto Death*. New York: Penguin Classics, 1989.

Kierkegaard, Søren. *Works of Love*. New York: Harper Perennial, 2009.

Kramer, Peter. *Listening to Prozac*. New York: Viking, 1993.

Kurth, Charlie. *The Anxious Mind: An Investigation into the Varieties and Virtues of Anxiety*. Cambridge, MA: MIT Press, 2018.

Lyonhart, Jonathan. "Being and Time-less Faith: Juxtaposing Heideggerian Anxiety and Religious Experience." *Open Theology*, 2020. https://doi.org/10.1515/opth-2020-0003. Accessed May 2023.

Mace, Chris, ed. *Heart and Soul: The Therapeutic Face of Philosophy*. London:

Routledge, 1999.

Malcolm, Janet. *Psychoanalysis: The Impossible Profession.* New York: Vintage, 1982.

Magrini, James. "Anxiety in Heidegger's *Being and Time*: The Harbinger of Authenticity." *Philosophy Scholarship* 15 (2006). http://dc.cod.edu/philosophypub/150.

Marcuse, Herbert. "Existentialism: Remarks on Jean-Paul Sartre's *L'btre et le Neant*." *Philosophy and Phenomenological Research* 8, no. 3 (March 1948): 309–36.

Marcuse, Herbert. *One-DimensionalMan: Studies in the Ideology of Advanced Industrial Society.* New York: Routledge Classics, 2002.

Marguia, Edward, and Kim Diaz. "The Philosophical Foundations of Cognitive Behavioral Therapy: Stoicism, Buddhism, Taoism, and Existentialism." *Journal of Evidence-Based Psychotherapies* 15, no. 1 (2015): 37–50.

Marino, Gordon. "Anxiety in The Concept of Anxiety." In *Cambridge Companion to Kierkegaard*, edited by Alastair Hannay and Gordon Marino, 308–28. New York: Cambridge University Press, 1998.

May, Rollo. *The Meaning of Anxiety.* New York: W. W. Norton, 2015.

Milgram, Elijah. *John Stuart Mill and the Meaning of Life.* New York: Oxford University Press, 2019.

Moncrieff, Joanna. *The Bitterest Pills: The Troubling Story of Antipsychotic Drugs.* New York: Palgrave, 2013.

Moncrieff, Joanna. *The Myth of the Chemical Cure: A Critique of Psychiatric Drug Treatment.* New York: Palgrave, 2008.

Moncrieff, Joanna. *A Straight-Talking Introduction to Psychiatric Drugs.* Monmouth: PCCS Books, 2009.

Morrison, Robert. *Nietzsche and Buddhism: A Study in Nihilism and Ironic Affinities.* New York: Oxford University Press, 1997.

Morstein, Petra. "Anxiety and Depression: A Philosophical Investigation." *Radical*

Psychology 1 (Summer 1999): 1.

Murdoch, Iris. *The Sovereignty of Good*. London: Routledge, 2013.

Nehamas, Alexander. *Nietzsche: Life as Literature*. Cambridge, MA: Harvard University Press, 1985.

Nietzsche, Friedrich. *Beyond Good and Evil*. New York: Penguin, 1973.

Nietzsche, Friedrich. *The Birth of Tragedy*. In *"The Birth of Tragedy"* and *"The Case of Wagner."* New York: Vintage, 1967.

Nietzsche, Friedrich. *Daybreak: Thoughts on the Prejudices of Morality*. New York: Cambridge University Press, 1997.

Nietzsche, Friedrich. *The Gay Science*. New York: Cambridge University Press, 2001.

Nietzsche, Friedrich. *"On the Genealogy of Morals"* and *"Ecce Homo."* New York: Vintage, 1989.

Nietzsche, Friedrich. *Human, All Too Human: A Book for Free Spirits*. New York: Cambridge University Press, 1990.

Nietzsche, Friedrich. *Thus Spake Zarathustra: A Book for Everyone and No One*. New York: Penguin Classics, 1961.

Nietzsche, Friedrich. *The Twilight of the Idols and the Anti-Christ: or How to Philosophize with a Hammer*. New York: Penguin Classics, 1990.

Nietzsche, Friedrich. *Will to Power*. New York: Vintage, 1968.

Pascal, Blaise. *Penseés*. New York: Penguin Classics, 1995.

Peterman, J. F. *Philosophy as Therapy: An Interpretation and Defense of Wittgenstein's Later Philosophical Project*. Albany: State University of New York Press, 1992.

Pollan, Michael. *How to Change Your Mind: What the New Science of Psychedelics Teaches Us about Consciousness, Dying, Addiction, Depression, and Transcendence*. New York: Penguin, 2019.

Rahula, Walpola. *What the Buddha Taught*. Dehiwala: Buddhist Cultural Centre, 1996.

Rhys David, T. W., trans. *The Questions of King Milinda*. Vol. 25 of *The Sacred Books of the East*. Oxford: Clarendon/Oxford, 1890.

Richardson, John. *Heidegger*. New York: Routledge, 2012.

Rorty, Richard. *Contingency, Irony, and Solidarity*. Cambridge: Cambridge University Press, 1985.

Safranski, Rudiger. *Nietzsche: A Philosophical Biography*. New York: W. W. Norton, 2001.

Sartre, Jean-Paul. *Essays in Existentialism*. New York: Citadel, 2002.

Setiya, Kieran. *Midlife Crisis: A Philosophical Guide*. Princeton, NJ: Princeton University Press, 2018.

Siderits, Mark. *Buddhism as Philosophy: An Introduction*. Cambridge: Ashgate, 2007.

Siderits, Mark. *Empty Persons: Personal Identity and Buddhist Philosophy*. Aldershot: Ashgate, 2003.

Sorabji, Richard. *Emotion and Peace of Mind: From Stoic Agitation to Christian Temptation*. Oxford: Clarendon, 2002.

Stossel, Scott. *My Age of Anxiety: Fear, Hope, Dread, and the Search for Peace of Mind*. New York: Vintage, 2015.

Teasdale, J., R. Moore, H. Hayhurst, M. Pope, S. Williams, and Z. Segal. "Metacognitive Awareness and Prevention of Relapse in Depression: Empirical Evidence." *Journal of Consulting and Clinical Psychology* 70, no. 2 (2002): 275–87.

Tillich, Paul. *The Courage to Be*. 1952. 3rd ed. New Haven, CT: Yale University Press, 2014.

Tillich, Paul. *Theology of Culture*. London: Oxford University Press, 1964.

Ure, Michael. *Nietzsche's Therapy: Self Cultivation in the Middle Works*. Lanham, MD: Lexington Books, 2008.

van Dis, Eva A. M., Suzanne C. van Veen, and Muriel A. Hagenaars. "Long-Term Outcomes of Cognitive Behavioral Therapy for Anxiety-Related Disorders: A

Systematic Review and Meta-analysis." *JAMA Psychiatry* 77, no. 3 (March 1, 2020): 265–73.

Whalen, John T. "Anxiety, the Most Revelatory of Moods." *Akadimia Filosofia* 1, no. 1 (2015): art. 8.

Wittgenstein, Ludwig. *Philosophical Investigations*. 4th ed. Edited and translated by P.M.S. Hacker and Joachim Schulte. Oxford: Wiley-Blackwell, 2009.

Wollheim, Richard. *Sigmund Freud*. Cambridge: Cambridge University Press, 1981.

Xenakis, Iason. *Epictetus: Philosopher-Therapist*. The Hague: Nijhoff, 1969.

Yalom, Irvin. *Existential Psychotherapy*. New York: Basic Books, 1980.

ithink
RI7013

焦慮的意義
寫給所有飽受不安所苦、尋求憂慮本質與人生意義的人

Anxiety: A Philosophical Guide

・原著書名：Anxiety: A Philosophical Guide・作者：薩米爾・喬普拉 Samir Chopra・翻譯：張馨方・專業審гі：呂健吉・封面設計：Dinner Illustration・內文排版：李秀菊・主編：徐凡・責任編輯：吳貞儀・國際版權：吳玲緯、楊靜・行銷：闕志勳、吳宇軒、余一霞・業務：李再星、李振東、陳美燕・總經理：巫維珍・編輯總監：劉麗真・事業群總經理：謝至平・發行人：何飛鵬・出版社：麥田出版／城邦文化事業股份有限公司／115台北市南港區昆陽街16號4樓／電話：(02) 25000888／傳真：(02) 25001951・發行：英屬蓋曼群島商家庭傳媒股份有限公司城邦分公司／115台北市南港區昆陽街16號8樓／書虫客戶服務專線：(02) 25007718；25007719／24小時傳真服務：(02) 25001990；25001991／讀者服務信箱：service@readingclub.com.tw／劃撥帳號：19863813／戶名：書虫股份有限公司・香港發行所：城邦（香港）出版集團有限公司／香港九龍土瓜灣土瓜灣道86號順聯工業大廈6樓A室／電話：(852) 25086231／傳真：(852) 25789337・馬新發行所／城邦（馬新）出版集團【Cite(M) Sdn. Bhd.】／41, Jalan Radin Anum, Bandar Baru Seri Petaling, 57000 Kuala Lumpur, Malaysia.／電話：+603-9056-3833／傳真：+603-9057-6622／讀者服務信箱：services@cite.my・印刷：漾格科技股份有限公司・2025年4月初版一刷・定價420元

國家圖書館出版品預行編目資料

焦慮的意義：寫給所有飽受不安所苦、尋求憂慮本質與人生意義的人／薩米爾・喬普拉（Samir Chopra）著；張馨方譯. -- 初版. -- 臺北市：麥田出版：英屬蓋曼群島商家庭傳媒股份有限公司城邦分公司發行, 2025.04
　面；　公分
譯自：Anxiety: A Philosophical Guide
ISBN 978-626-310-824-0（平裝）
EISBN 978-626-310-821-9（EPUB）

1.CST: 焦慮　2.CST: 情緒管理
176.527　　　　　　　　113019439

城邦讀書花園
www.cite.com.tw

Anxiety : A Philosophical Guide
Copyright © 2024 by Princeton University Press
Complex Chinese translation copyright © 2025 by Rye Field Publications, a division of Cite Publishing Ltd.
Published by arrangement with Princeton University Press through Bardon-Chinese Media agency
All rights reserved. No part of this book may be reproduced or transmitted in any form or by any means, electronic or mechanical, including photocopying, recording or by any information storage and retrieval system, without permission in writing from the Publisher.

版權所有・翻印必究